First Italian Reader for Beginners

Francesca Favuzzi

First Italian Reader for Beginners
Bilingual for Speakers of English
A1 A2 Levels

First Italian Reader for Beginners

by Francesca Favuzzi

Audio tracks www.audiolego.com/Italian/

Homepage www.lppbooks.com

3d edition

Graphics: Audiolego Design

Images: Audiolego Studio

Copyright © 2012 2015 2019 Language Practice Publishing

Copyright © 2019 Audiolego

This book is in copyright. Subject to statutory exception and to the provisions of relevant collective licensing agreements, no reproduction of any part may take place without the written permission of Language Practice Publishing.

Table of contents

Italian Alphabet 7
A1 Level Course 9
Chapter 1 Mike has a dog 10
Chapter 2 They live in Genova (Italy) 13
Chapter 3 Are they Italians? 16
Chapter 4 Can you help, please? 21
Chapter 5 Pierre lives in Italy now 25
Chapter 6 Mike has many friends 29
Chapter 7 Giuseppe buys a bike 33
Chapter 8 Fabia wants to buy a newer DVD 36
Chapter 9 Pierre listens to American songs 39
Chapter 10 Pierre buys textbooks on design 43
Chapter 11 Mike wants to earn some money 46
Chapter 12 Mike wants to earn some money (part 2) 50
A2 Level Course 53
Capítolo 13 Il nome dell'albergo 54
Capítolo 14 Aspirina 57
Capítolo 15 Maria ed il canguro 61
Capítolo 16 Paracadutisti 65
Capítolo 17 Spegni la cucina a gas! 71
Capítolo 18 Un'agenzia per l'impiego 75
Capítolo 19 Giuseppe e Mike lavano il camion (parte 1) 80
Capítolo 20 Giuseppe e Mike lavano il camion (parte 2) 84
Capítolo 21 Una lezione 88
Capítolo 22 Pierre lavora in una casa editrice 92
Capítolo 23 Regole per gatti 97
Capítolo 24 Gruppo di lavoro 101
Capítolo 25 Mike e Giuseppe stanno cercando un nuovo lavoro 105
Capítolo 26 Chiedere un'impiego a Notizie di Genova 112
Capítolo 27 La pattuglia della polizía (parte 1) 118

Capítolo 28 La pattuglia della polizía (parte 2) 124

Capítolo 29 Scuola per studenti stranieri (S.S.S) e au pair 130

Italian-English dictionary 135

English-Italian dictionary 148

Alfabeto italiano

Letter	Name	IPA	Letter	Name	IPA
A	a	/a/	N	enne	/n/
B	bi	/b/	O	o	/o/ or /ɔ/
C	ci	/k/, /tʃ/	P	pi	/p/
D	di	/d/	Q	cu	/k/
E	e	/e/ or /ɛ/	R	erre	/r/
F	effe	/f/	S	esse	/s/ or /z/
G	gi	/g/ or /dʒ/	T	ti	/t/
H	acca	silent	U	u	/u/ or /w/
I	i	/i/ or /j/	V	vi or vu	/v/
J	I lunga	/i/	W	doppia v	/v/
K	kappa	/k/	X	ics	/x/, /ks/
L	elle	/l/	Y	I greca	/i/
M	emme	/m/	Z	zeta	/ts/ or /dz/

The Italian alphabet has five vowel letters - **a, e, i, o, u**. Of those, only **a** represents one sound value while each of the others has two.

Normally, **c** and **g** represent the plosives /k/ and /g/, respectively, unless they precede a front vowel **i** or **e**, when they represent the affricates /tʃ/ (like English *ch*) and /dʒ/ (like English *j*).

The letter **i** may also function merely as an indicator that the preceding **c** or **g** is soft, e.g. *cia* /tʃa/, *ciu* /tʃu/. When the hard pronunciation occurs before a front vowel, digraphs **ch** and **gh** are used, so that **che** represents /ke/ or /kɛ/ and **chi** represents /ki/.

		Plosive		Affricate
Anywhere but before **i** and **e**	c	caramella /kara'mɛlla/ crema /'krɛma/	ci	ciaramella /tʃara'mɛlla/
	g	gallo /'gallo/	gi	giallo /'dʒallo/
Before **i** and **e**	ch	china /'kina/	c	Cina /'tʃina/
	gh	ghiro /'giro/	g	giro /'dʒiro/

The trigraphs **cch** and **ggh** are used to indicate geminated /k/ and /g/, respectively, when they occur before **i** or **e**; e.g. *occhi* /ˈokːi/ (eyes), *agghindare* /agːinˈdare/ (to dress up).

G is also used to mark that a following **l** or **n** is soft (this is not always true in loanwords from other languages).

The digraph **sc** is used before **e** and **i** to represent /ʃ/. Otherwise, **sc** represents /sk/.

	/sk/		/ʃ/	
Anywhere but before **i** and **e**	sc	scalo /ˈskalo/ scrivere /ˈskrivere/	sci	scialo /ˈʃalo/
Before **i** and **e**	sch	scherno /ˈskerno/	sc	scerno /ˈʃɛrno/

Other letters

Since **h** is always silent, there is no difference in the pronunciation of such words. In foreign loanwords, the *h* is still silent: *hovercraft* /ˈɔverkraft/.

The letters J, K, W, X and Y are used for loanwords only.

How to control the playing speed

The book is equipped with the audio tracks. The address of the home page of the book on the Internet, where audio files are available for listening and downloading, is listed at the beginning of the book on the bibliographic description page before the copyright notice.

We recommend using free VLC media player to control the playing speed. You can control the playing speed by decreasing or increasing the speed value on the button of the VLC media player's interface.

Android users: After installing VLC media player, click an audio track at the top of a chapter or on the home page of the book if you read a paper book. When prompted choose "Open with VLC". If you experience difficulties opening audio tracks with VLC, change default app for music player. Go to Settings→Apps, choose VLC and click "Open by default" or "Set default".

Kindle Fire users: After installing VLC media player, click an audio track at the top of a chapter or on the home page of the book if you read a paper book. Complete action using →VLC.

iOS users: After installing VLC media player, copy the link to an audio track at the top of a chapter or on the home page of the book if you read a paper book. Paste it into Downloads section of VLC media player. After the download is complete, go to All Files section and start the downloaded audio track.

Windows users: After installing VLC media player, right-click an audio track at the top of a chapter or on the home page of the book if you read a paper book. Choose "Open with→VLC media player".

MacOS users: After installing VLC media player, right-click an audio track at the top of a chapter or on the home page of the book if you read a paper book, then download it. Right-lick the downloaded audio track and choose "Get info". Then in the "Open with" section choose VLC media player. You can enable "Change all" to apply this change to all audio tracks.

A1 Level Course

1

Mike ha un cane

Mike has a dog

A

Parole, Vocaboli

Words

1. alberghi - hotels
2. albergo - hotel
3. anche, pure - too
4. avere - to have
5. azzurro, blu - blue
6. bello/bella - nice

7. bicicletta - bike
8. cane - dog
9. e/ed - and
10. finestra - window
11. finestre - windows
12. gatto - cat
13. Giuseppe - Giuseppe
14. grande - big
15. ha - has; Lui ha un libro. - He has a book.
16. io - I
17. letti - beds
18. letto - bed
19. libro - book
20. loro - they
21. lui - he
22. Mike - Mike
23. mio, mia, miei, mie - my
24. molti, molto - many, much
25. naso - nose
26. negozi - shops
27. negozio - shop
28. nero - black
29. no, non - not
30. nuovo - new
31. occhi - eyes
32. occhio - eye
33. parchi - parks
34. parco - park
35. parola - word
36. parole - words
37. penna - pen
38. penne - pens
39. piccolo - little
40. Pierre - Pierre
41. quaderni - notebooks
42. quaderno - notebook
43. quattro - four
44. quelli - those
45. quello - that
46. questi - these
47. questo - this; questo libro - this book
48. Roma - Rome
49. sogno - dream
50. stanza - room
51. stanze - rooms
52. stella - star
53. strada - street
54. strade - streets
55. studente - student
56. studenti - students
57. suo - his; suo letto - his bed
58. tavola - table
59. tavoli/tavole - tables
60. testo - text
61. uno - one
62. verde - green

B

1.Questo studente ha un libro. 2.Lui ha anche una penna.

3.Genova ha molte strade e parchi. 4.Questa strada ha nuovi alberghi e negozi. 5.Questo albergo é quattro stelle. 6.Questo albergo ha molte stanze belle e grandi.

7.Quella stanza ha molte finestre. 8.E queste stanze non hanno molte finestre. 9.Queste stanze hanno quattro letti. 10.E quelle stanze hanno un letto. 11.Quella stanza non ha molti tavoli.12.E quelle stanze hanno molti tavoli grandi.

13.Questa strada non ha alberghi. 14.Quel negozio grande non ha molte finestre.

15.Questi studenti hanno dei quaderni. 16.Loro hanno anche le penne.

17.Mike ha un piccolo quaderno nero. 18.Pierre ha quattro quaderni verdi nuovi. 19.Questo studente ha una bicicletta. 20.Lui ha una nuova bicicletta azzurra. 21.Giuseppe ha anche una bicicletta. 22.Lui ha una bella bicicletta nera.

23.Pierre ha un sogno. 24.Anch'io ho un sogno. 25.Io non ho un cane. 26.Io ho un gatto. 27.Il mio gatto ha dei begl'occhi (begli occhi) verdi. 28.Mike non ha un gatto. 29.Lui ha un cane. 30.Il suo cane ha un naso piccolo e nero.

1.This student has a book. 2.He has a pen too.

3.Genova has many streets and parks. 4.This street has new hotels and shops. 5.This hotel has four stars. 6.This hotel has many nice big rooms.

7.That room has many windows. 8.And these rooms do not have many windows. 9.These rooms have four beds. 10.And those rooms have one bed. 11.That room does not have many tables. 12.And those rooms have many big tables.

13.This street does not have hotels. 14.That big shop does not have many windows.

15.These students have notebooks. 16.They have pens too.

17.Mike has one little black notebook. 18.Pierre has four new green notebooks. 19.This student has a bike. 20.He has a new blue bike. 21.Giuseppe has a bike too. 22.He has a nice black bike.

23.Pierre has a dream. 24.I have a dream too. 25.I do not have a dog. 26.I have a cat. 27.My cat has nice green eyes. 28.Mike does not have a cat. 29.He has a dog. 30.His dog has a little black nose.

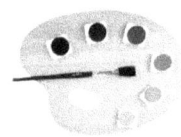

2

Loro vivono a Genova (Italia)

They live in Genova (Italy)

A

Parole, Vocaboli

Words

1. adesso - now
2. cittá - city
3. comprare - to buy
4. due - two
5. é di - from
6. Fabia (nome) - Fabia (name)
7. fame - hungry
8. Francese - French
9. Francia - France
10. fratello - brother

11. grande - big

12. in - in

13. Italia - Italy

14. italiano - Italian

15. italiano(m), italiana(f) - Italian

16. lei - she

17. loro, essi - they

18. mamma, madre - mother

19. noi - we

20. panino - sandwich

21. sorella - sister

22. supermercato - supermarket

23. tu (singolare) Voi (plurale) - you

24. vivere - to live

 **B**

1.Genova é una piccola cittá. 2.Genova é in Italia.

3.Questo é Mike. 4.Mike é uno studente. 5.Lui é a Genova. 6.Mike viene dagli Stati Uniti. 7.Lui è americano. 8.Mike ha una madre, un padre, un fratello e una sorella. 9.Vivono negli Stati Uniti.

10.Questo é Pierre. 11.Anche Pierre é uno studente . 12.Egli é nato in Francia. 13.Lui é francese. 14.Pierre ha la madre, il padre e due sorelle. 15.Loro vivono in Francia.

16.Mike e Pierre sono nel supermercato in questo momento. 17.Loro hanno fame. 18.Essi comprano dei panini.

19.Questa é Fabia. 20.Fabia é italiana. 21.Anche Fabia vive a Genova. 22.Lei non é una studentessa.

23.Io sono uno studente. 24.Io sono italiano. 25.Adesso sono a Genova. 26.Io non ho fame.

1.Genova is a small city. 2.Genova is in Italy.

3.This is Mike. 4.Mike is a student. 5.He is in Genova now. 6.Mike is from the US. 7.He is American. 8.Mike has a mother, a father, a brother and a sister. 9.They live in the US.

10.This is Pierre. 11.Pierre is a student too. 12.He is from France. 13.He is French. 14.Pierre has a mother, a father and two sisters. 15.They live in France.

16.Mike and Pierre are in a supermarket now. 17.They are hungry. 18.They buy sandwiches.

19.This is Fabia. 20.Fabia is Italian. 21.Fabia lives in Genova too. 22.She is not a student.

23.I am a student. 24.I am from Italy. 25.I am in Genova now. 26.I am not hungry.

27.Tu sei uno studente. 28.Tu sei francese. 29.Tu non sei in Francia in questo momento. 30.Tu sei in Italia.

31.Noi siamo studenti. 32.Noi siamo in Italia adesso.

33.Questa é una bicicletta. 34.La bicicletta é azzurra. 35.La bicicletta non é nuova.

36.Questo é un cane. 37.Il cane é nero. 38.Il cane non é grande.

39.Questi sono negozi. 40.Questi negozi non sono grandi. 41.Sono piccoli.

42.Questo negozio ha molte finestre. 43.Quei negozi non hanno molte finestre.

44.Quel gatto é in camera. 45.Quei gatti non sono in camera.

27.You are a student. 28.You are French. 29.You are not in France now. 30.You are in Italy.

31.We are students. 32.We are in Italy now.

33.This is a bike. 34.The bike is blue. 35.The bike is not new.

36.This is a dog. 37.The dog is black. 38.The dog is not big.

39.These are shops. 40.The shops are not big. 41.They are little.

42.That shop has many windows. 43.Those shops do not have many windows.

44.That cat is in the room. 45.Those cats are not in the room.

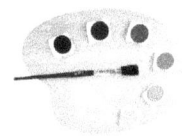

3

Loro sono italiani?
Are they Italians?

A

Parole, Vocaboli

Words

1. Americano - American
2. animale - animal
3. bambino/ragazzo - boy
4. caffé, bar - café
5. casa - house
6. come - how
7. donna - woman
8. dove - where

9. il suo libro - his/ her book
10. in, a - at
11. Italia - Italy
12. italiano (agg) - Italian
13. lettore di CD - CD player
14. lo - it
15. mappa - map
16. No, non - no
17. nostro - our
18. si - yes
19. sopra, sul - on
20. tu(s) voi(p). - you
21. tutto - all
22. uomo - man
23. vecchio - old

 **B**

1

- Io sono un ragazzo. Sono nella stanza.
- Tu sei italiano?
- No, io non sono italiano. Sono americano.
- Sei uno studente?
- Si, io sono uno studente.

2

- Questa é una donna. Anche la donna é nella stanza.
- Lei é americana?
- No, lei non é americana. É italiana.
- Lei é una studentessa?
- No, non é una studentessa.

3

- Questo é un uomo. Lui é a tavola.
- Lui é italiano?

1

- I am a boy. I am in the room.
- Are you Italian?
- No, I am not. I am American.
- Are you a student?
- Yes, I am. I am a student.

2

- This is a woman. The woman is in the room too.
- Is she American?
- No, she is not. She is Italian.
- Is she a student?
- No, she is not. She is not a student.

3

- This is a man. He is at the table.
- Is he Italian?
- Yes, he is. He is Italian.

- Si, lo é. É italiano.

4

- Questi sono studenti. Loro sono nel parco.
- Loro sono tutti italiani?
- No, loro non sono italiani. Sono italiani, americani e francesi.

5

- Questo é un tavolo. É grande.
- É nuovo?
- Si, é nuovo.

6

- Questo é un gatto. Lui é nella stanza.
- É nero?
- Si, lui é nero e bello.

7

- Queste sono delle biciclette. Sono a casa.
- Sono nere?
- Si, sono nere.

8

- Tu hai un quaderno?
- Si, ne ho uno.
- Quanti quaderni hai tu?
- Io ho due quaderni.

9

- Lui ha una penna?
- Si, lui ne ha una.
- Quante penne ha lui?

4

- These are students. They are in the park.
- Are they all Italians?
- No, they are not. They are Italians, Americans and French.

5

- This is a table. It is big.
- Is it new?
- Yes, it is. It is new.

6

- This is a cat. It is in the room.
- Is it black?
- Yes, it is. It is black and nice.

7

- These are bikes. They are at the house.
- Are they black?
- Yes, they are. They are black.

8

- Do you have a notebook?
- Yes, I have.
- How many notebooks do you have?
- I have two notebooks.

9

- Does he have a pen?
- Yes, he does.
- How many pens does he have?

- Lui ha una penna.

- He has one pen.

10

- Lei ha una bicicletta?

- Si, lei ne ha una.

- La sua bicicletta é blu?

- No, la sua bicicletta non é blu. É verde.

11

- Hai un libro di spagnolo?

- No, io non ho un libro di spagnolo. Non ho libri.

12

- Lei ha un gatto?

- No, non ha un gatto. Lei non ha animali.

13

- Voi avete un lettore di CD?

- No, noi non ne abbiamo. Non abbiamo un lettore di CD. Non abbiamo nessun tipo di lettore.

14

- Dov'é la nostra mappa?

- La nostra mappa é nella stanza.

- É sul tavolo?

- Si, é sul tavolo.

15

- Dove sono i ragazzi?

- Sono nel bar.

- Dove sono le biciclette?

- Sono nel bar.

10

- Does she have a bike?

- Yes, she does.

- Is her bike blue?

- No, it is not. Her bike is not blue. It is green.

11

- Do you have a Spanish book?

- No, I do not. I do not have a Spanish book. I have no books.

12

- Does she have a cat?

- No, she does not. She does not have an animal.

13

- Do you have a CD player?

- No, we do not. We do not have a CD player. We have no player.

14

- Where is our map?

- Our map is in the room.

- Is it on the table?

- Yes, it is.

15

- Where are the boys?

- They are in the café.

- Where are the bikes?

- They are at the café.

- Dov'é Pierre? - Where is Pierre?
- É nel bar anche lui. - He is in the café too.

4

Scusi, puó aiutarmi, per favore?

Can you help, please?

A

Parole, Vocaboli

Words

1. aiuto - help; aiutare - to help
2. andare (a piedi) - to go (on foot); andare (in autobus/tram) - to go (by a transport)
3. banca - bank
4. dare - to give
5. dovere - must; io devo andare. - I must go.

6. giocare - to play
7. imparare - to learn
8. indirizzo - address
9. Io vado in banca. - I go to the bank.
10. lavoro - work; lavorare - to work
11. leggere - to read
12. luogo, posto - place; collocare - to place
13. o, oppure - or
14. parlare - to speak
15. per - for
16. per favore - please
17. per me - to me
18. peró, ma - but
19. potere - can; Io posso leggere. - I can read.
20. potere - may; Io potrei andare in banca. - I may go to the bank.
21. prendere - to take
22. ringraziare - to thank; la ringrazio/ti ringrazio - thank you; grazie - thanks
23. scrivere - to write
24. sedersi - to sit

B

1

- Mi puó aiutare per favore?
- Si, posso.
- Io non posso scrivere il mio indirizzo in italiano. Lei potrebbe scriverlo per me?
- Si, posso.
- La ringrazio.

2

- Tu puoi giocare a tennis?
- No, io non so giocare. Peró posso imparare. Tu mi puoi aiutare ad imparare?
- Si, io posso. Io ti posso aiutare ad imparare come giocare a tennis.
- Ti ringrazio.

1

- Can you help me, please?
- Yes, I can.
- I cannot write the address in Italian. Can you write it for me?
- Yes, I can.
- Thank you.

2

- Can you play tennis?
- No, I cannot. But I can learn. Can you help me to learn?
- Yes, I can. I can help you to learn to play tennis.
- Thank you.

3

- Tu puoi parlare italiano?
- Io posso parlare e leggere in italiano, ma non posso scriverlo.
- Tu puoi parlare inglese?
- Io posso parlare, leggere e scrivere in inglese.
- Anche Fabia puó parlare l'inglese?
- No, lei non puó. É italiana.
- Loro possono parlare italiano?
- Sí, possono parlare un pó. Loro sono studenti e - stanno imparando l'italiano.
- Questo ragazzo non puó parlare italiano.

4

- Dove sono loro?
- Stanno giocando a tennis.
- Possiamo giocare anche noi?
- Si, noi possiamo.

5

- Dov'é Mike?
- Puó essere al caffé.
- Sedetevi a questo tavolo, per favore.
- Ti ringrazio. Posso mettere i miei libri su questo tavolo?
- Si, puoi.
- Pierre può sedersi nel suo tavolo?
- Si, puó.

6

- Posso sedermi sul suo letto?

3

- Can you speak Italian?
- I can speak and read Italian but I cannot write.
- Can you speak English?
- I can speak, read and write English.
- Can Fabia speak English too?
- No, she cannot. She is Italian.
- Can they speak Italian?
- Yes, they can a little. They are students and they learn Italian.
- This boy cannot speak Italian.

4

- Where are they?
- They play tennis now.
- May we play too?
- Yes, we may.

5

- Where is Mike?
- He may be at the café.
- Sit at this table, please.
- Thank you. May I place my books on that table?
- Yes, you may.
- May Pierre sit at his table?
- Yes, he may.

6

- May I sit on her bed?

- No, non puoi.

- Fabia può prendere il suo lettore di CD?

- No, lei non deve prendere il suo lettore di CD.

7

- Loro possono prendere la sua mappa?

- No, loro non possono.

- Tu non devi sederti sul suo letto.

- Lei non deve prendere il suo lettore di CD.

- Loro non devono prendere questi quaderni.

8

- Io devo andare in banca.

- Devi andare adesso?

- Si, devo andare.

9

- Tu devi imparare l'inglese?

- Non ho bisogno di imparare l'inglese. Devo imparare l'italiano.

10

- Lei deve andaré in banca?

- No. Lei non ha bisogno di andare in banca.

11

- Posso prendere questa bicicletta?

- No, tu non devi prendere questa bicicletta.

- Possiamo mettere questi quaderni sul suo letto?

- No. Tu non devi mettere i quaderni sul suo letto.

- No, you must not.

- May Fabia take his CD player?

- No. She must not take his CD player.

7

- May they take her map?

- No, they may not.

- You must not sit on her bed.

- She must not take his CD player.

- They must not take these notebooks.

8

- I must go to the bank.

- Must you go now?

- Yes, I must.

9

- Must you learn English?

- I need not learn English. I must learn Italian.

10

- Must she go to the bank?

- No. She need not go to the bank.

11

- May I take this bike?

- No, you must not take this bike.

- May we place these notebooks on her bed?

- No. You must not place the notebooks on her bed.

5

Pierre vive in Italia adesso
Pierre lives in Italy now

 A

Parole, Vocaboli
Words

1. ascoltare - to listen; Io ascolto la música. - I listen to the music.
2. bambina/ragazza - girl
3. bene - well
4. bere - to drink
5. buono/buona - good
6. cinque - five
7. colazione - breakfast; fare colazione - have breakfast
8. desiderare/volere - to want
9. fattoria - farm
10. gente - people

11. giornale - newspaper
12. bisogno - need
13. lá/lí (luogo) - there (place); verso di lá (indirizzo) - there (direction)
14. mangiare - to eat
15. mobili - furniture
16. musica - music
17. otto - eight
18. piacere, amare - to like, to love
19. piazza - square
20. qualche/qualcuna/qualcuno - any, some
21. sedia - chair
22. sei - six
23. sette - seven
24. té - tea
25. tre - three

 B

1

Fabia legge bene l'italiano. Anche io leggo in italiano. Gli studenti vanno al parco. Anche lei va al parco.

Fabia reads Italian well. I read Italian too. The students go to the park. She goes to the park too.

2

Noi viviamo a Genova. Pierre vive a Genova anche ora. Suo padre e sua madre vivono in Francia.

We live in Genova. Pierre lives in Genova now too. His father and mother live in France.

3

Mike vive a Genova adesso. Suo padre e sua madre vivono negli Stati Uniti.

Mike lives in Genova now. His father and mother live in the US.

4

Gli studenti giocano a tennis. Pierre gioca bene. Mike non gioca bene.

The students play tennis. Pierre plays well. Mike does not play well.

5

Noi beviamo té. Fabia beve té verde. Giuseppe beve té nero. Anch'io bevo té nero.

We drink tea. Fabia drinks green tea. Giuseppe drinks black tea. I drink black tea too.

6

Io ascolto la musica. Anche Sara ascolta la musica. A lei piace ascoltare bella musica.

7

Io ho bisogno di sei quaderni. Giuseppe ha bisogno di sette quaderni. Fabia ha bisogno di otto quaderni.

8

Sara vuole bere. Anch'io (anche io) voglio bere. Pierre vuole mangiare.

9

C'é un giornale sul tavolo. Pierre lo prende e lo legge. A lui piace leggere i giornali.

10

Ci sono alcuni mobili nella stanza. Lí ci sono sei tavoli e sei sedie.

11

Ci sono tre ragazze nella stanza. Loro stanno facendo la colazione.

Sara mangia pane e beve té. A lei piace il té verde.

12

Ci sono alcuni libri sul tavolo. Non sono nuovi. Sono vecchi.

13

- C'é una banca in questa strada?

- Si, c'é. Ci sono cinque banche in questa strada. Le banche non sono grandi.

14

- C'é gente nella piazza?

6

I listen to music. Sara listens to music too. She likes to listen to good music.

7

I need six notebooks. Giuseppe needs seven notebooks. Fabia needs eight notebooks.

8

Sara wants to drink. I want to drink too. Pierre wants to eat.

9

There is a newspaper on the table. Pierre takes it and reads. He likes to read the newspapers.

10

There is some furniture in the room. There are six tables and six chairs there.

11

There are three girls in the room. They eat breakfast.

Sara eats bread and drinks tea. She likes green tea.

12

There are some books on the table. They are not new. They are old.

13

- Is there a bank in this street?

- Yes, there is. There are five banks in this street. The banks are not big.

14

- Are there people in the square?

- Si c'é. C'é un pó di gente nella piazza.

15

- C'é una bicicletta nel caffé?

- Si c'é. Ci sono quattro biciclette nel caffé. Non sono nuove.

16

- C'é un albergo in questa strada?

- No, non c'é. Non ci sono alberghi in questa strada.

17

- Ci sono alcuni negozi grandi in quella strada?

- No, non ci sono. Non ci sono grandi negozi in quella strada.

18

- C'é qualche fattoria in Italia?

- Si, ci sono. Ci sono molte fattorie in Italia.

19

- C'é qualche mobile in quella stanza?

- Si, ci sono. Ci sono quattro tavoli ed alcune sedie lí.

- Yes, there are. There are some people in the square.

15

- Are there bikes at the café?

- Yes, there are. There are four bikes at the café. They are not new.

16

- Is there a hotel in this street?

- No, there is not. There are no hotels in this street.

17

- Are there any big shops in that street?

- No, there are not. There are no big shops in that street.

18

- Are there any farms in Italy?

- Yes, there are. There are many farms in Italy.

19

- Is there any furniture in that room?

- Yes, there is. There are four tables and some chairs there.

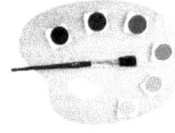

6

Mike ha molti amici

Mike has many friends

A

Parole, Vocaboli

Words

1. agenzia - agency
2. amico - friend
3. caffé - coffee
4. computer/pc - computer
5. conoscere, sapere - to know
6. cosí come, anche - as well
7. cucinare/ cuoco, cuoca - cook
8. della donna - woman's
9. dentro - into
10. di Mike - Mike's

11. di mamma - mother's
12. di Pierre - Pierre's
13. compact disc (CD) - CD
14. il libro di Giuseppe - Giuseppe's book
15. lavoro (n) - job; agenzia per l'impiego - job agency
16. libero - free
17. macchina/autovettura - car
18. mappa dell'uomo - man's map
19. Maria - Mary
20. molto, molti - much, many
21. Paolo - Paolo (name)
22. porta - door
23. pulito - clean; pulire - to clean
24. papá - dad
25. sotto - under
26. vengono, vanno - come, go

B

1
Mike ha molti amici. Gli amici di Mike vengono al caffé. A loro piace bere caffé. Gli amici di Mike bevono molto caffé.

2
Il papá di Pierre ha una macchina. La macchina di suo papá é pulita ma é vecchia. Il papá di Pierre guida molto. Lui ha un buon impiego e adesso ha molto lavoro.

3
Giuseppe ha molti compact disc (CD). I CD di Giuseppe sono sul suo letto. Il lettore di CD di Giuseppe é anche sul suo letto.

4
Mike legge i giornali italiani. Ci sono molti giornali sul tavolo nella stanza di Mike.

5
Maria ha un gatto e un cane. Il gatto di Maria é nella stanza sotto il letto. Il cane di

1
Mike has many friends. Goivanni's friends come to the café. They like to drink coffee. Mike's friends drink a lot of coffee.

2
Pierre's dad has a car. The dad's car is clean but old. Pierre's dad drives a lot. He has a good job and he has a lot of work now.

3
Giuseppe has a lot of CDs. Giuseppe's CDs are on his bed. Giuseppe's CD player is on his bed as well.

4
Mike reads Italian newspapers. There are many newspapers on the table in Mike's room.

5
Mary has a cat and a dog. Mary's cat is in the room under the bed. Mary's dog

Maria é anche lui nella stanza.

6

C'é un uomo in questa macchina. Quest'uomo ha una mappa. La mappa dell'uomo é grande. Quest'uomo guida molto.

7

Io sono uno studente. Ho molto tempo libero. Io vado ad una agenzia per l'impiego. Ho bisogno di un buon lavoro. Pierre e Mike hanno poco tempo libero. Anche loro vanno all'agenzia per l'impiego. Pierre ha un computer. L'agenzia puó dare a Pierre un buon lavoro.

8

Fabia ha una nuova cuoca. La cuoca di Fabia é brava e pulita. Lei prepara la colazione per i suoi figli. Maria e Giuseppe sono i figli di Fabia. I figli di Fabia bevono molto té. La mamma beve un pó di caffé. La mamma di Maria conosce poche parole in inglese. Lei parla pochissimo inglese. Fabia ha un impiego. Lei ha poco tempo libero.

9

Pierre parla poco italiano. Pierre conosce pochissime parole in italiano. Io conosco molte parole in italiano. Io posso parlare un pó d'italiano. Questa donna conosce molte parole in italiano. Lei sa parlare bene l'italiano.

10

Paolo lavora in un'agenzia per l'impiego. Questa agenzia per l'impiego é a Genova. Paolo ha una macchina. La macchina di Paolo é sulla strada. Paolo ha molto lavoro. Lui deve andare all'agenzia. Guida verso lá.

is in the room as well.

6

There is a man in this car. This man has a map. The man's map is big. This man drives a lot.

7

I am a student. I have a lot of free time. I go to a job agency. I need a good job. Pierre and Mike have a little free time. They go to the job agency as well. Pierre has a computer. The agency may give Pierre a good job.

8

Fabia has a new cooker. Fabia's cooker is good and clean. She cooks breakfast for her children. Mary and Giuseppe are Fabia's children. Fabia's children drink a lot of tea. The mother drinks a little coffee. Mary's mother can speak very few English words. She speaks English very little. Fabia has a job. She has little free time.

9

Pierre can speak little Italian. Pierre knows very few Italian words. I know a lot of Italian words. I can speak Italian a little. This woman knows many Italian words. She can speak Italian well.

10

George works at a job agency. This job agency is in Genova. George has a car. George's car is in the street. George has a lot of work. He must go to the

Paolo viene all'agenzia. Ci sono molti studenti lí. Loro hanno bisogno di un lavoro. Il lavoro di Paolo é aiutare gli studenti.

agency. He drives there. George comes into the agency. There are a lot of students there. They need jobs. George's job is to help the students.

11

C'é una macchina di fronte all'albergo. Le porte di questa macchina non sono pulite. Molti studenti vivono in questo albergo. Le stanze dell'albergo sono piccole ma pulite. Questa é la stanza di Mike. La finestra della stanza é grande e pulita.

There is a car at the hotel. The doors of this car are not clean. Many students live in this hotel. The rooms of the hotel are little but clean. This is Mike's room. The window of the room is big and clean.

7

Giuseppe compra una bicicletta
Giuseppe buys a bike

A

Parole, Vocaboli
Words

1. allora, dopo - then, after; dopo di questo - after that
2. andare in autobus - to go by bus
3. andare in bicicletta - to go by, to ride
4. autobus - bus
5. bagno - bathroom; vasca da bagno - bath
6. casa - home, house
7. centro - centre; centro della cittá - city centre
8. coda - queue

9. con - with
10. cucina - kitchen
11. ditta/firma/azienda - firm
12. domenica - Sunday; colazione della domenica - Sunday breakfast
13. faccia, viso - face
14. grande, abbondante - big
15. lavandino - washer
16. lavare - to wash
17. lavoratore - worker
18. mattina - morning
19. merenda/snack/spuntino - snack
20. oggi - today
21. pertanto, quindi - so
22. preparare - to make; caffettiera - coffee-maker
23. sport - sport; negozio di articoli sportivi - sport shop; negozio di articoli da ciclismo - sport bike
24. tavolo da bagno - bathroom table
25. tempo - time; il tempo passa - time goes; due volte - two times
26. ufficio - office
27. uno per uno/una per una - one by one

 B

É domenica mattina. Giuseppe va al bagno. Il bagno non é grande. Lí c'é la vasca da bagno, un lavandino ed un tavolo da bagno. Giuseppe si lava il viso. Dopo va in cucina. C'é una caffettiera sul tavolo della cucina. Giuseppe fa colazione. La colazione della domenica di Giuseppe non é abbondante. Dopo si prepara un pó di caffé con la caffettiera e lo beve. Lui oggi vuole andare ad un negozio di articoli sportivi. Giuseppe esce da casa. Prende l'autobus numero sette. Ci vuole un pó di tempo per andare al negozio in autobus.

Giuseppe entra nel negozio di articoli sportivi. Lui vuole comprare una

It is Sunday morning. Giuseppe goes to the bathroom. The bathroom is not big. There is a bath, a washer and a bathroom table there. Giuseppe washes his face. Then he goes to the kitchen. There is a coffe-maker on the kitchen table. Giuseppe eats his breakfast. Giuseppe's Sunday breakfast is not big. Then he makes some coffee with the coffee-maker and drinks it. He wants to go to a sport shop today. Giuseppe goes into the street. He takes bus seven. It takes Giuseppe a little time to go to the shop by bus.

Giuseppe goes into the sport shop. He wants to buy a new sport bike. There

bicicletta sportiva nuova. Lí ci sono molte biciclette sportive. Sono nere, azzurre e verdi. A Giuseppe piacciono le biciclette azzurre. Lui ne vuole comprare una azzurra. C'é una lunga fila nel negozio. Giuseppe ci mette molto tempo per comprarla. Dopo va fuori e si mette sulla bicicletta. Guida fino al centro della cittá. Dopo va in bicicletta dal centro della cittá fino al parco della cittá. É cosí gradevole guidare una bicicletta sportiva nuova!

É domenica mattina ma Paolo é nel suo ufficio. Ha molto lavoro oggi. C'é una lunga coda nell'ufficio di Paolo. Ci sono molti studenti e lavoratori nella fila. Loro hanno bisogno di un lavoro. Entrano uno alla volta nell'ufficio di Paolo. Parlano con Paolo. Dopo lui gli da gli indirizzi delle ditte.

É ora di fare uno spuntino.Paolo prepara un pó di caffé con la caffetiera. Mangia il suo snack e beve un pó di caffé. Adesso non c'é piú una fila di persone nel suo ufficio. Paolo puó andarsene a casa sua. Esce dall'ufficio. É una bella giornata oggi! Paolo se ne va a casa. Prende i suoi bambini e li porta al parco della cittá. Lí si divertono per un pó.

are a lot of sport bikes there. They are black, blue and green. Giuseppe likes blue bikes. He wants to buy a blue one. There is a queue in the shop. It takes Giuseppe a lot of time to buy the bike. Then he goes to the street and rides the bike. He rides to the city centre. Then he rides from the city centre to the city park. It is so nice to ride a new sport bike!

It is Sunday morning but Paolo is in his office. He has a lot of work today. There is a queue to Paolo's office. There are many students and workers in the queue. They need a job. They go one by one into Paolo's room. They speak with Paolo. Then he gives the addresses of the firms.

It is snack time now. Paolo makes some coffee with the coffee maker. He eats his snack and drinks some coffee. There is no queue to his office now. Paolo can go home. He goes into the street. It is so nice today! Paolo goes home. He takes his children and goes to the city park. They have a nice time there.

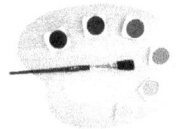

8

Fabia vuole comprare un nuovo DVD

Fabia wants to buy a newer DVD

 A

Parole, Vocaboli

Words

1. amichevole - friendly
2. andare via (da un luogo) - to go away
3. avventura- adventure
4. che, quello - that; Io so che questo libro é interessante. - I know that this book is interesting.

5. che, di - than; Giorgio é piú vecchio di Linda. - George is older than Linda.
6. chiedere, domandare - to ask
7. circa - about; approssimativamente - about, approximately
8. commesso, commessa, dipendente - shop assistant
9. dire - to say
10. DVD - DVD
11. favorito/favorita, preferito/preferita - favorite
12. film - film
13. giovane - young
14. interessante - interesting
15. lungo/lunga - long
16. mano - hand
17. molto/molta/molti/molte - most
18. mostrare - to show
19. negozio di video - video-shop
20. ora - hour
21. piú - more
22. quindici - fifteen
23. scatola, custodia, confezione - box
24. tazza - cup
25. venti - twenty
26. videocassette - videocassette

 **B**

Giuseppe e Maria sono i figli di Fabia. Maria é la figlia piú giovane. Lei ha cinque anni. Giuseppe é quindici anni maggiore di Maria. Lui ha vent'anni. Maria é molto piú giovane di Giuseppe.

Maria, Fabia e Giuseppe sono in cucina. Loro stanno bevendo il té. La tazza di Maria é grande. La tazza di Fabia é piú grande. La tazza di Giuseppe é la piú grande.

Fabia ha molte cassette di video e DVD con film interessanti. Lei vuole comprare un nuovo film. Va a un negozio di video. Ci sono molte confezioni con cassette di video e DVD lí. Lei chiede al commesso di aiutarla. Il commesso da a Fabia alcune cassette. Fabia vuole sapere di piú su questi film ma il commesso se ne va.

C'é un'altra commessa nel negozio e lei é

Giuseppe and Mary are Fabia's children. Mary is the youngest child. She is five years old. Giuseppe is fifteen years older than Mary. He is twenty. Mary is much younger than Giuseppe.

Mary, Fabia and Giuseppe are in the kitchen. They drink tea. Mary's cup is big. Fabia's cup is bigger. Giuseppé's cup is the biggest.

Fabia has a lot of videocassettes and DVDs with interesting films. She wants to buy a newer film. She goes to a video-shop. There are many boxes with videocassettes and DVDs there. She asks a shop assistant to help her. The shop assistant hands Fabia some cassettes. Fabia wants to know more about these films but the shop assistant goes away.

There is one more shop assistant in the shop

più gentile. Lei domanda a Fabia sui suoi film preferiti. A Fabia piacciono i film romantici e quelli di avventura. Il film "Titanic" é il suo preferito. La dipendente del negozio fa vedere a Fabia una cassetta col film più nuovo di Hollywood "L'Amico Messicano". Si tratta delle avventure romantiche di un uomo e una donna giovane in Messico.

Lei mostra a Fabia anche un DVD col film "La Ditta". La dipendente del negozio dice che il film "La Ditta" é uno dei film più interessanti. Ed é anche uno dei più lunghi. Dura più di tre ore. A Fabia piacciono i film lunghi. Lei dice che "Titanic" é il film più lungo ed interessante che lei ha. Fabia compra un DVD del film "La Ditta". Lei ringrazia la dipendente del negozio e se ne va.

and she is friendlier. She asks Fabia about her favorite films. Fabia likes romantic films and adventure films. The film "Titanic" is her most favorite film. The shop assistant shows Fabia a cassette with the newest Hollywood film "The Mexican Friend". It is about romantic adventures of a man and a young woman in Mexico.

She shows Fabia a DVD with the film "The Firm" as well. The shop assistant says that the film "The Firm" is one of the most interesting films. And it is one of the longest films as well. It is more than three hours long. Fabia likes longer films. She says that "Titanic" is the most interesting and the longest film that she has. Fabia buys a DVD with the film "The Firm". She thanks the shop assistant and goes.

9

Pierre ascolta canzoni americane

Pierre listens to American songs

A

Parole, Vocaboli

Words

1. Angela - Angela
2. borsa - bag
3. burro - butter
4. canta - sing
5. cantante - singer
6. cappello - hat

7. Carol - Carol
8. chiamare, telefonare - to call on the phone; chiamare - call; call center - call centre
9. cominciare - to begin
10. correre - to run
11. davanti a, prima - before
12. famiglia - family
13. frase - phrase
14. fuori servizio, non funziona - out of order
15. giorno - day
16. minuto - minute
17. molto - very
18. nome - name; nominare, chiamare - to name
19. pane - bread
20. perché - because
21. residenza per studenti - dorms
22. saltare - to jump; salto - jump
23. semplice - simple
24. Spagna - Spain
25. telefono - telephone; telefonare - to telephone
26. testa - head; capo, responsabile - head, chief; dirigersi a - to head, to go
27. tutti/ogni - every
28. vergognarsi - to be ashamed; lui si vergogna - he is ashamed
29. vicino - near

B

Carol é una studentessa. Lei ha vent'anni (venti anni). Carol viene dagli Stati Uniti. Lei vive nella residenza degli studenti. É una ragazza molto gradevole. Carol indossa un vestito azzurro. Ha un cappello in testa.

Carol vuole telefonare alla sua famiglia oggi. Lei va al call center perché il suo telefono non funziona. Il call center é di fronte al caffé. Carol telefona alla sua famiglia. Lei parla con sua madre e suo padre. La telefonata dura approssimativamente cinque minuti. Dopo lei telefona alla sua amica Angela. Questa telefonata dura tre minuti.

A Mike piacciono gli sport. Lui corre tutte le mattine nel parco vicino la residenza degli studenti. Corre anche oggi. Mike salta anche. I

Carol is a student. She is twenty years old. Carol is from the USA. She lives in the student dorms. She is a very nice girl. Carol has a blue dress on. There is a hat on her head.

Carol wants to telephone her family today. She heads to the call centre because her telephone is out of order. The call centre is in front of the café. Carol calls her family. She speaks with her mother and father. The call takes her about five minutes. Then she calls her friend Angela. This call takes her about three minutes.

Mike likes sport. He runs every morning in the park near the dorms. He runs today too. He jumps as well. His jumps are very

suoi salti sono molto lunghi. Pierre e Giuseppe corrono e saltano con Mike. Il salto di Giuseppe non é tanto lungo. Il salto di Pierre é il piú lungo. Lui salta meglio di tutti gl'altri (gli altri). Dopo Mike e Pierre corrono alla residenza degli studenti e Giuseppe corre a casa.

Mike fa colazione nella sua camera. Lui prende pane e burro. Fa un pó di caffé con la caffettiera. Dopo imburra il pane e mangia.

Mike vive nella residenza di studenti di Genova. La sua stanza é vicina a quella di Pierre. La stanza di Mike non é grande. É pulita perché Mike la pulisce tutti i giorni. C'é un tavolo, un letto, alcune sedie ed alcuni mobili in piú nella sua stanza. I libri di Mike ed i quaderni sono sul tavolo. La sua borsa é sotto il tavolo. Le sedie sono davanti al tavolo. Mike prende alcuni CD in mano e li porta a Pierre perché Pierre vuole ascoltare musica americana.

Pierre é nella sua stanza di fronte al tavolo. Il suo gatto é sotto il tavolo. C'é un pó di pane davanti al gatto. Il gatto mangia il pane. Mike da i CD a Pierre. Questi CD hanno la miglior musica degli Stati Uniti. Pierre vuole conoscere anche i nomi dei cantanti americani. Mike gli nomina i suoi cantanti favoriti. Lui nomina a Avril Lavigne, Madonna, Mark Anthony e Jennifer López. Questi nomi sono nuovi per Pierre.

Lui ascolta i CD ed incomincia a cantare le canzoni americane! A lui piacciono molto le canzoni. Pierre chiede a Mike di scrivere le parole delle canzoni. Mike scrive le parole delle migliori canzoni degli Stati Uniti per Pierre. Pierre dice che lui vuole imparare le parole di alcune canzoni e chiede a Mike di aiutarlo. Mike aiuta Pierre a imparare le parole delle canzoni americane. Ci mette molto tempo perché Mike non parla bene l'italiano. Mike si vergogna. Non riesce a dire

long. Pierre and Giuseppe run and jump with Mike. Giuseppe's jumps are longer. Pierre's jumps are the longest. He jumps best of all. Then Mike and Pierre run to the dorms and Giuseppe runs home.

Mike has his breakfast in his room. He takes bread and butter. He makes some coffee with the coffee-maker. Then he butters the bread and eats.

Mike lives in the dorms in Genova. His room is near Pierre's room. Mike's room is not big. It is clean because Mike cleans it every day. There is a table, a bed, some chairs and some more furniture in his room. Mike's books and notebooks are on the table. His bag is under the table. The chairs are at the table. Mike takes some CDs in his hand and heads to Pierre's because Pierre wants to listen to American music.

Pierre is in his room at the table. His cat is under the table. There is some bread before the cat. The cat eats the bread. Mike hands the CDs to Pierre. There is the best American music on the CDs. Pierre wants to know the names of the American singers as well. Mike names his favorite singers. He names Avril Lavigne, Madonna, Mark Anthony, and Jennifer López. These names are new to Pierre.

He listens to the CDs and then begins to sing the American songs! He likes these songs very much. Pierre asks Mike to write the lirics of the songs. Mike writes the words of the best American songs for Pierre. Pierre says that he wants to learn the words of some songs and asks Mike to help. Mike helps Pierre to learn the American words. It takes a lot of time because Mike cannot speak Italian well. Mike is ashamed. He cannot say some

le frasi semplici! Allora Mike se ne va nella sua camera per studiare italiano.

simple phrases! Then Mike goes to his room and learns Italian.

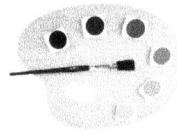

10

Pierre compra libri per studiare design

Pierre buys textbooks on design

 A

Parole, Vocaboli

Words

1. (di) loro - them
2. addio, ciao - bye
3. bene - fine
4. ciao - hello
5. classe, tipo - kind, type
6. costare - to cost
7. disegno, design, grafica, - design
8. euro - euro
9. eleggere, scegliere - to choose
10. fotografia - picture
11. gli - him
12. guardare - to look

13. lezione - lesson
14. libro (di testo) - textbook
15. lingua - language
16. nativo - native
17. pagare - to pay
18. programma- program
19. qualcuno/qualcuna/qualche - any
20. realmente, molto - really
21. sabato - Saturday
22. solo/unicamente - only
23. spiegare - to explain
24. studiare - to study
25. universitá - college
26. vedere - to see
27. vicino(a) - nearby, next

 **B**

Pierre é francese e la sua lingua nativa é il francese. Lui studia design all'Universitá di Genova.

Oggi é sabato e Pierre ha molto tempo libero. Lui vuole comprare alcuni libri di design. Si dirige alla libreria vicina. Loro possono avere alcuni libri per studiare design. Lui entra nella libreria e guarda i tavoli con i libri. Una donna si avvicina a Pierre. Lei é la dipendente della libreria.

"Ciao. La posso aiutare?" Gli domanda la dipendente della libreria.

"Ciao," dice Pierre, "Io studio design all'universitá. Ho bisogno di alcuni libri per studiare. Lei ha qualche libro di design?" Le domanda Pierre.

"Che tipo di design? Noi abbiamo alcuni libri per studiare design di mobili, design di automobili, design nello sport, applicazioni di internet," le spiegó lei.

"Puó farmi vedere qualche libro sul design di mobili e di grafica su internet?" Le dice Pierre.

"Puó scegliere i libri dei seguenti tavoli. Li guardi. Questo é un libro di un designer di

Pierre is French and French is his native language. He studies design at college in Genova.

It is Saturday today and Pierre has a lot of free time. He wants to buy some books on design. He goes to the nearby book shop. They may have some textbooks on design. He comes into the shop and looks at the tables with books. A woman comes to Pierre. She is a shop assistant.

"Hello. Can I help you?" the shop assistant asks him.

"Hello," Pierre says, "I study design at college. I need some textbooks. Do you have any textbooks on design?" Pierre asks her.

"What kind of design? We have some textbooks on furniture design, car design, sport design, internet design," she explains to him.

"Can you show me some textbooks on furniture design and internet design?" Pierre says to her.

"You can choose the books from the next tables. Look at them. This is a book by

mobili italiano, Palatino. Questo designer spiega il disegno dei mobili italiani. Spiega il design dei mobili d'Europa e anche degli Stati Uniti. Lí ci sono molte belle fotografie," spiega la dipendente della libreria.

"Vedo che ci sono anche alcune lezioni nel libro. Questo libro é veramente buono. Quanto costa?" le domanda Pierre.

"Costa 52 (cinquanta due) euro. E con il libro c'è un CD. Nel CD C'é un programma per il disegn di mobili," le dice la dipendente della libreria.

"Mi piace molto," dice Pierre.

"Puoi vedere alcuni libri su design di applicazioni di internet lí," le spiega la donna, "Questo libro tratta il programma per computer di Microsoft Office. E questi libri trattano il programma Flash per computer. Guarda questo libro rosso. Tratta Flash ed ha alcune lezioni interessanti. Ne scelga qualcuno, per favore."

"Quanto costa questo libro rosso?" le domanda Pierre.

"Questo libro, con due CD, costa solo 43 (quaranta tre) euro," le dice la commessa della libreria.

"Voglio comprare questo libro di Palatino su design di mobili e questo libro rosso su Flash. Quanto devo pagare per tutti e due?" domanda Pierre.

"Deve pagare 95 (novanta cinque) euro per questi due libri," le dice la commessa.

Pierre paga. Dopo prende i libri e i CD.

"Ciao," le dice la commessa della libreria.

"Ciao," gli dice Pierre e se ne va dal negozio.

Italian furniture designer Palatino. This designer explains the design of Italian furniture. He explains the furniture design of Europe and the USA as well. There are some fine pictures there," the shop assistant explains.

"I see there are some lessons in the book too. This book is really good. How much is it?" Pierre asks her.

"It costs 52 euro. And with the book you have a CD. There is a computer program for furniture design on the CD," the shop assistant says to him.

"I really like it," Pierre says.

"You can see some textbooks on internet design there," the woman explains to him, "This book is about the computer program Microsoft Office. And these books are about the computer program Flash. Look at this red book. It is about Flash and it has some interesting lessons. Choose, please."

"How much is this red book?" Pierre asks her.

"This book, with two CDs, costs only 43 euro," the shop assistant says to him.

"I want to buy this book by Palatino about furniture design and this red book about Flash. How much must I pay for them?" Pierre asks.

"You need to pay 95 euro for these two books," the shop assistant says to him.

Pierre pays. Then he takes the books and the CDs.

"Bye," the shop assistant says to him.

"Bye," Pierre says to her and goes into the street.

11

Mike vuole guadagnare un pó di soldi

Mike wants to earn some money

 A

Parole, Vocaboli

Words

1. camion - truck
2. capire/comprendere - to understand
3. caricare - to load; caricatore - loader
4. comune - usual; normalmente - usually
5. continuerá - to be continued
6. d'accordo, bene - OK, well

7. dipartimento del personale - personnel department
8. dopo - after
9. duro - hard
10. é per questo - that is why
11. energia - energy
12. finale - finish; finire - to finish
13. giorno - day; giornaliero - daily
14. guadagnare/percepire - to earn
15. in punto - o'clock; Sono le due in punto. - It is two o'clock.
16. Io guadagno 10 euro l'ora - I earn 10 euro per hour.
17. lista - list
18. migliore, meglio - better
19. nota - note
20. numero - number
21. ora - hour; l'ora - hourly
22. parte - part
23. perché? - why?
24. rapidamente - quickly
25. rapido, svelto - quick
26. risposta - answer; rispondere - to answer
27. scatola - box
28. trasporto - transport
29. uno in piú - one more
30. visto che, da - as, since

B

Mike ha tempo libero ogni giorno dopo l'Universitá. Lui vuole guadagnare un po´di soldi. Si dirige ad un'agenzia per l'impiego. Loro gli danno l'indirizzo di una ditta di trasporto. L'impresa di trasporto Rapid ha bisogno di un caricatore. Questo lavoro é veramente duro. Ma loro pagano 11 (undici) euro l'ora. Mike vuole prendere quest'impiego. Quindi va all'ufficio dell'impresa di transporto."Buon giorno. Io ho una nota per lei da un'agenzia per l'impiego," dice Mike a una donna nel dipartimento del personale della ditta. Lui le da la nota.

"Buon giorno," dice la donna, "Il mio nome é Virginia Lopez. Io sono la Responsabile del Dipartimento del Personale. Qual'é il tuo nome?"

"Il mio nome é Mike Rossi," dice Mike.

Mike has free time daily after college. He wants to earn some money. He heads to a job agency. They give him the address of a transport firm. The transport firm Rapid needs a loader. This work is really hard. But they pay 11 euro per hour. Mike wants to take this job. So he goes to the office of the transport firm.

"Hello. I have a note for you from a job agency," Mike says to a woman in the personnel department of the firm. He gives her the note.

"Hello," the woman says, "My name is Virginia Lopez. I am the head of the personnel department. What is your name?"

"My name is Mike Rossi" Mike says.

"Lei é italiano?" domanda Virginia.

"No. Io sono americano," risponde Mike.

"Tu puoi parlare e leggere bene l'italiano?" domanda lei.

"Si, posso," dice lui.

"Quanti anni hai?" domanda lei.

"Io ho vent'anni (venti anni)," risponde Mike.

"Vuoi lavorare nell'impresa di trasporto come caricatore?" le domanda la Responsabile del personale.

Mike si vergogna di dire che non puó avere un lavoro migliore perché non puó parlare bene l'italiano. Per cui dice: "Io voglio guadagnare 11 euro l'ora."

"Bene, bene," dice Virginia, "La nostra ditta di trasporto normalmente non ha molto lavoro da carico. Ma noi adesso veramente abbiamo bisogno di un caricatore in piú. Tu puoi caricare scatole di 20 kilogrammi di peso rapidamente?"

"Si, io posso. Ho molta energia," risponde Mike.

"Noi abbiamo bisogno di un caricatore giornaliero durante tre ore. Tu puoi lavorare dalle quattro in punto fino alle sette in punto?" domanda lei.

"Si, le mie lezioni finiscono all'una in punto," gli risponde lo studente.

"Quando puoi cominciare a lavorare?" gli domanda la Responsabile del dipartimento del personale.

"Io posso cominciare adesso," risponde Mike.

"Bene. Guarda questa lista di carico. Ci sono alcuni nomi d'imprese e negozi nella lista," spiega Virginia, "Ogni impresa e negozio ha dei numeri. Sono numeri di scatole. E questi sono i numeri dei camion dove devi caricare queste scatole. I camion vengono e se ne vanno ogni

"Are you Italian?" Virginia asks.

"No. I am American," Mike answers.

"Can you speak and read Italian well?" she asks.

"Yes, I can," he says.

"How old are you, Mike?" she asks.

"I am twenty years old," Mike answers.

"Do you want to work at the transport firm as a loader?" the head of the personnel department asks him.

Mike is ashamed to say that he cannot have a better job because he cannot speak Italian well. So he says: "I want to earn 11 euro per hour."

"Well-well," Virginia says, "Our transport firm usually does not have much loading work. But now we really need one more loader. Can you load quickly boxes with 20 kilograms of load?"

"Yes, I can. I have a lot of energy," Mike answers.

"We need a loader daily for three hours. Can you work from four to seven o'clock?" she asks.

"Yes, my lessons finish at one o'clock," the student answers to her.

"When can you begin the work?" the head of the personnel department asks him.

"I can begin now," Mike answers.

"Well. Look at this loading list. There are some names of firms and shops in the list," Virginia explains, "Every firm and shop has some numbers. They are numbers of the boxes. And these are numbers of the trucks where you must load these boxes. The trucks come and go

ora. Per questo devi lavorare rapidamente. D'accordo?"

"D'accordo," responde Mike, senza capire bene Virginia.

"Adesso prendi questa lista di carico e vai alla porta di carico numero tre," dice a Mike la Responsabile del dipartimento del personale. Mike prende la lista di carico e se ne va a lavorare.

(continuerá)

hourly. So you need to work quickly. OK?"

"OK" Mike answers, not understanding Virginia well.

"Now take this loading list and go to the loading door number three," the head of the personnel department says to Mike. Mike takes the loading list and goes to work.

(to be continued)

12

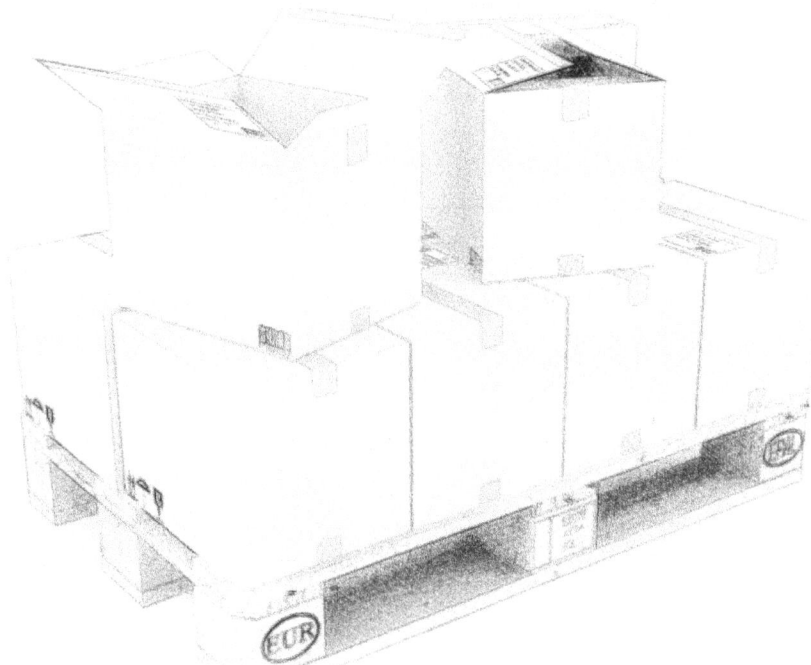

Mike vuole guadagnare un pó di soldi (parte 2)

Mike wants to earn some money (part 2)

A

Parole, Vocaboli

Words

1. al posto di, invece - instead of; al tuo posto - instead of you
2. alzarsi - to get up; Alzati! - Get up!
3. camminare - to walk
4. cattivo/cattiva - bad
5. conoscere - to meet
6. contento/contenta - glad

7. corretto - correct; correttamente - correctly; non correttamente - incorrectly; correggere - to correct

8. dietro - back

9. essere dispiaciuto - to be sorry; Mi dispiace. - I am sorry.

10. figlio - son

11. guidare - to drive; conduttore - driver

12. loro - their

13. lunedí - Monday

14. mamma, madre - mom, mother

15. odiare - to hate

16. portare - to bring; portando - bringing

17. professore/professoressa, maestro/maestra - teacher

18. qui (un luogo) - here (a place); di qui, di qua (un indirizzo) - here (a direction); é qui/eccolo qui - here is

19. ragione - reason

20. signore, Sig. - mister, Mr.

21. tuo, tuoi - your

B

Ci sono molti camion nella porta di carico numero tre. Riportano indietro le loro cariche. La Responsabile del dipartimento del personale e il manager della ditta vanno lá. Vanno dov'é Mike. Mike carica le scatole sul camion. Lavora svelto.

" Mike! Per favore, vieni qui," lo chiama Virginia, "Questo é il Manager della ditta, il Sig. Tani."

" Piacere di conoscerla," dice Mike andando verso di loro.

"Anch'io (anche io)," responde il Sig. Tani, "Dov'é (dove é) la tua lista di carica?"

"Eccola qui," Mike gli da la lista di carico.

"Bene, bene," dice il Sig. Tani guardando la lista "Guarda questi camion. Stanno tornando per riportare il carico perché tu hai caricato le scatole non correttamente. Le scatole con i libri vanno ad un negozio di mobili invece di una librería, le scatole con

There are many trucks at the loading door number three. They come back bringing back their loads. The head of the personnel department and the head of the firm come there. They come to Mike. Mike loads boxes in a truck. He works quickly.

"Hey, Mike! Please, come here," Virginia calls him, "This is the head of the firm, Mr. Tani."

"I am glad to meet you" Mike says coming to them.

"I too," Mr. Tani answers, "Where is your loading list?"

"It is here," Mike gives him the loading list.

"Well-well," Mr. Tani says looking in the list, "Look at these trucks. They come back bringing back their loads because you load the boxes incorrectly. The boxes with books

51

cassette di video e DVD vanno al caffé e non al negozio di video e le scatole con i panini vanno al negozio di video invece di andare al caffé! É un lavoro fatto male! Mi dispiace ma tu non puoi lavorare nella nostra ditta," gli disse il Sig. Tani e tornó nel suo ufficio.

Mike non puó caricare le scatole correttamente perché lui puó leggere e capire poche parole in italiano. Virginia lo guarda. Mike si vergogna.

" Mike, tu puoi imparare meglio l'italiano e venire un'altra volta. Va bene?" dice Virginia.

"Va bene," risponde Mike, "Ciao Virginia."

"Ciao Mike," risponde Virginia.

Mike cammina verso casa. Adesso vuole imparare meglio l'italiano e dopo cercare un nuovo lavoro.

É ora di andaré all'Universitá

É lunedí mattina, una mamma entra nella stanza per svegliare suo figlio.

"Alzati, sono le sette in punto. É ora di andaré all'universitá!"

"Ma perché, mamma? Io non voglio andare."

"Dammi due motivi per i quali tu non vuoi andare," dice la mamma al figlio.

"Un motivo é che gli studenti mi odiano e l'altro é che anche i professori mi odiano!"

"Ah, quelli non sono motivi per non andare all'Universitá. Alzati!"

"Va bene. Dammi due motivi per i quali devo andare all'Universitá," dice lui a sua mamma.

"Bene, prima perché hai 55 anni. E secondo, tu sei il Direttore dell'Universitá! Alzati adesso!"

go to a furniture shop instead of the book shop, the boxes with videocassettes and DVDs go to a café instead of the video shop, and the boxes with sandwiches go to a video shop instead of the café! It is a bad work! Sorry but you cannot work at our firm," Mr. Tani says and walks back to the office.

Mike cannot load boxes correctly because he can read and understand very few Italian words. Virginia looks at him. Mike is ashamed.

" Mike, you can learn Italian better and then come again. OK?" Virginia says.

"OK," Mike answers, "Bye Virginia."

"Bye Mike," Virginia answers.

Mike walks home. He wants to learn Italian better now and then take a new job.

It is time to go to college

Monday morning, a mother comes into the room to wake up her son.

"Get up, it is seven o'clock. It is time to go to college!"

"But why, Mom? I don't want to go."

"Name me two reasons why you don't want to go," the mother says to the son.

"The students hate me for one and the teachers hate me too!"

"Oh, they are not reasons not to go to college. Get up!"

"OK. Name me two reasons why I must go to college," he says to his mother.

"Well, for one, you are 55 years old. And for two, you are the head of the college! Get up now!"

A2 Level Course

13

Il nome dell'albergo

The name of the hotel

A

Parole, vocaboli

1. adesso, ora - now
2. allora, dopo - then
3. alzarsi, stare in piedi - to stand
4. annuncio - advert
5. aprire - to open
6. arrabbiato - angry
7. ascensore - lift
8. attorno, intorno - round
9. attraverso - through, across
10. camminare - to walk
11. cammino - way
12. dormire - to sleep
13. fermare, detenere - to stop
14. finale - over
15. Ford - Ford
16. fuori - outside to

17. fuori da - out of
18. giá - already
19. incontrare - to find
20. Kasper - Kasper
21. lago - lake
22. lontano - away
23. migliore - best
24. mostrare - to show
25. notte - night
26. passato - past
27. piede - foot; a piedi - on foot
28. Polonia - Poland
29. ponte - bridge
30. scemo - silly
31. sera - evening
32. sorpresa - surprise; sorprendere - to surprise; sorpreso - surprised
33. sorriso - smile; sorridere - to smile
34. sotto - down
35. stanco - tired
36. tassí - taxi; tassista - taxi driver
37. un altro - another
38. un'altra volta - again
39. vedere - to see

B

Questo é uno studente. Il suo nome é Kasper. Kasper viene dalla Polonia. Lui non sa parlare italiano. Vuole imparare l'italiano all'universitá in Italia. Kasper sta vivendo in un albergo di Genova.

Lui é nella sua stanza. Guarda una mappa della cittá. Questa cartina é veramente buona. Kasper vede le strade, le piazze e i negozi nella mappa. Lui esce dalla stanza ed attraversa un lungo corridoio fino all'ascensore. L'ascensore lo porta giú. Kasper attraversa la grande entrata ed esce dall'albergo. Si ferma vicino all'albergo e scrive il nome dell'albergo sul suo quaderno.

C'é una piazza rotonda ed un lago di fronte all'albergo. Kasper attraversa la piazza verso il lago. Cammina attorno al lago verso il ponte. Molte macchine, camion e gente attraversano il ponte. Kasper va sotto il ponte. Dopo cammina sulla strada verso il centro della cittá. Passa davanti a molti

This is a student. His name is Kasper. Kasper is from Poland. He cannot speak Italian. He wants to learn Italian at a college in Italy. Kasper lives in a hotel in Genova now.

He is in his room now. He looks at the map. This map is very good. Kasper sees streets, squares and shops on the map. He goes out of the room and through the long corridor to the lift. The lift takes him down. Kasper goes through the big hall and out of the hotel. He stops near the hotel and writes the name of the hotel into his notebook.

There is a round square and a lake at the hotel. Kasper goes across the square to the lake. He walks round the lake to the bridge. Many cars, trucks and people go over the bridge. Kasper goes under the bridge. Then he walks along a street to the city centre. He goes past many nice buildings.

edifici belli.

É giá sera. Kasper é stanco e vuole tornare all'albergo. Ferma un tassí, allora apre il suo quaderno e fa vedere il nome dell'albergo al tassista. Il tassista guarda il quaderno, sorride e se ne va. Kasper riesce a capire. Si ferma e guarda il suo quaderno. Allora ferma un altro tassí e mostra il nome dell'albergo al tassista un'altra volta. Il conduttore guarda il quaderno. Dopo guarda Kasper, sorride e se ne va anche lui.

Kasper é sorpreso. Ferma un altro tassí. Ma anche questo tassí se ne va. Kasper non riesce a capire. Lui é sorpreso ed arrabbiato. Peró non é scemo. Apre la sua cartina e trova la strada fino all'albergo. Torna a piedi all'albergo.

É notte. Kasper é nell'albergo nel suo letto. Lui dorme. Le stelle guardano la stanza attraverso la finestra. Il quaderno é sul tavolo. É aperto. "Ford é la migliore macchina". Questo non é il nome dell'albergo. Questo é una pubblicità sull'edificio dell'albergo.

It is evening already. Kasper is tired and he wants to go back to the hotel. He stops a taxi, then opens his notebook and shows the name of the hotel to the taxi driver. The taxi driver looks in the notebook, smiles and drives away. Kasper cannot understand it. He stands and looks in his notebook. Then he stops another taxi and shows the name of the hotel to the taxi driver again. The driver looks in the notebook. Then he looks at Kasper, smiles and drives away too.

Kasper is surprised. He stops another taxi. But this taxi drives away too. Kasper cannot understand it. He is surprised and angry. But he is not silly. He opens his map and finds the way to the hotel. He comes back to the hotel on foot.

It is night. Kasper is in his bed. He sleeps. The stars look in the room through the window. The notebook is on the table. It is open. "Ford is the best car". This is not the name of the hotel. This is an advert on the building of the hotel.

14

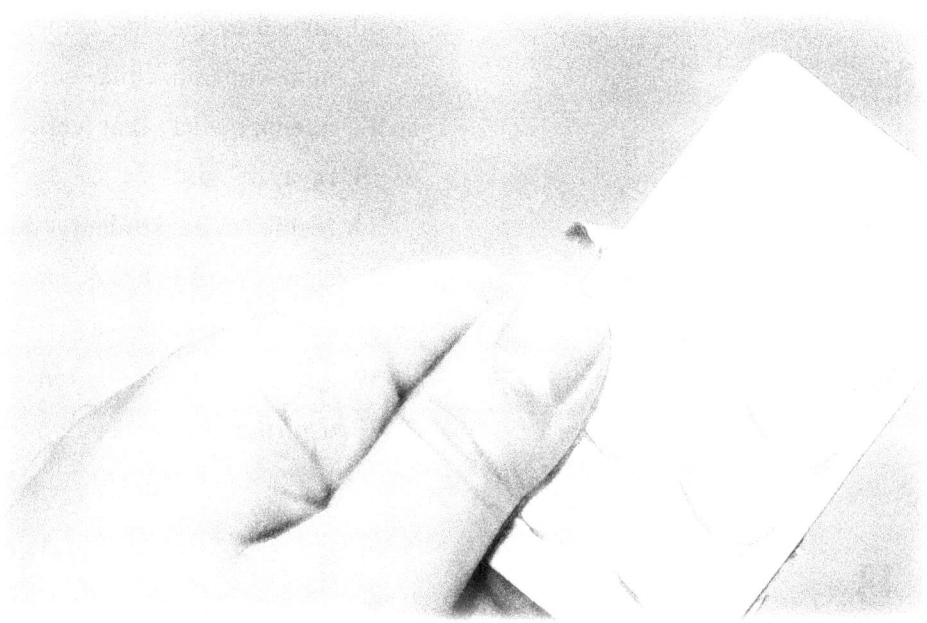

Aspirina

Aspirin

A

Parole, vocaboli

1. aula - classroom
2. banco di scuola, scrivania - desk
3. bianco/bianca - white
4. carta - paper
5. cercare, provare - to try
6. certo - of course
7. chimica - chemistry
8. chimico - chemical(adj); prodotti chimici- chemicals
9. compito/missione - task
10. cristallo - crystal
11. dieci - ten
12. esame, prova - test; esaminare, provare - to test
13. essere promosso - to pass

14. farmacia - pharmacy
15. foglio - sheet (of paper)
16. grigio - grey
17. in un'ora - in an hour; all'una in punto - at one o'clock
18. intelligente - smart
19. l'ultimo, lo scorso - last; durare fino - to last
20. meraviglioso - wonderful
21. mezza/mezzo - half
22. orologio - watch
23. ottenere - to get (something); arrivare a - to get (somewhere)
24. passato - past; alle otto e mezza - at half past eight
25. pensare - to think
26. per - for
27. pertanto - so
28. pillola - pill
29. puzzolente - stinking
30. qualcosa/qualche - something
31. qualcuno/qualcuna - somebody
32. quello/quella - that (conj)
33. ragazzo - guy
34. residenza per studenti - dorms
35. riposo, pausa - break, pause
36. sedersi - to sit down
37. spesso, frequente - often
38. aspirina - aspirin

B

Questo é un'amico di Mike. Il suo nome é Pierre. Pierre viene dalla Francia. La sua lingua nativa é il francese. Lui sa anche parlare l'italiano molto bene. Pierre vive nella residenza per studenti. Pierre é nella sua stanza in questo momento. Pierre ha un esame di chimica oggi. Lui guarda il suo orologio. Sono le otto in punto. É ora di andarsene.

Pierre esce. Va all'universitá. L'universitá é vicino alla residenza per gli studenti, ci si arriva in circa dieci minuti. Pierre arriva all'aula di chimica. Apre la porta e guarda dentro la classe. Ci sono alcuni studenti ed il professore. Pierre entra in classe.

"Ciao," dice lui.

This is Mike's friend. His name is Pierre. Pierre is from France. French is his native language. He can speak Italian very well too. Pierre lives in the dorms. Pierre is in his room now. Pierre has a chemistry test today. He looks at his watch. It is eight o'clock. It is time to go.

Pierre goes outside. He goes to the college. The college is near the dorms. It takes him about ten minutes to go to the college. Pierre comes to the chemistry classroom. He opens the door and looks into the classroom. There are some students and the teacher there. Pierre comes into the classroom.
 "Hello," he says.

"Ciao," rispondono il professore e gli studenti.	"Hello," the teacher and the students answer.
Pierre va verso il suo banco e si siede. L'esame di chimica comincia alle otto e mezza. Il professore va verso il banco di Pierre.	Pierre comes to his desk and sits down. The chemistry test begins at half past eight. The teacher comes to Pierre's desk.
"Ecco qui il tuo compito," dice il professore. Dopo da a Pierre un foglio con il compito, "Devi fare un'aspirina. Puoi lavorare dalle otto e mezza fino alle dodici in punto. Comincia, per favore," dice il professore.	"Here is your task," the teacher says. Then he gives Pierre a sheet of paper with the task, "You must make aspirin. You can work from half past eight to twelve o'clock. Begin, please," the teacher says.
Pierre sa fare il compito. Prende alcuni prodotti chimici e incomincia. Lavora per dieci minuti. Alla fine ottiene qualcosa di grigio e puzzolente. Questa non é una buona aspirina. Pierre sa che deve ottenere grandi cristalli bianchi di aspirina. Allora lui cerca di farlo un'altra volta. Pierre lavora per un'ora ma ottiene solo una cosa grigia e puzzolente un'altra volta.	Pierre knows this task. He takes some chemicals and begins. He works for ten minutes. At last he gets something grey and stinking. This is not good aspirin. Pierre knows that he must get big white crystals of aspirin. Then he tries again and again. Pierre works for an hour but he gets something grey and stinking again.
Pierre é arrabbiato e stanco. Non riesce a capirlo. Si ferma e pensa un po'. Pierre é un ragazzo intelligente. Pensa per un minuto e trova la soluzione! Si alza.	Pierre is angry and tired. He cannot understand it. He stops and thinks a little. Pierre is a smart guy. He thinks for a minute and then finds the answer! He stands up.
"Posso fare una pausa di dieci minuti?" domanda Pierre al professore.	"May I have a break for ten minutes?" Pierre asks the teacher.
"Certo che puoi," gli risponde il professore.	"Of course, you may," the teacher answers.
Pierre esce. Trova una farmacia vicino all'Universitá. Entra e compra alcune pillole di aspirina. In dieci minuti torna in classe. Gli studenti sono seduti e stanno lavorando. Pierre si siede.	Pierre goes outside. He finds a pharmacy near the college. He comes in and buys some pills of aspirin. In ten minutes he comes back to the classroom. The students sit and work. Pierre sits down.
"Posso finire l'esame?" dice Pierre al professore dopo cinque minuti.	"May I finish the test?" Pierre says to the teacher in five minutes.
Il professore va verso il banco di Pierre. Vede dei cristalli bianchi e grandi di aspirina. Il professore rimane sorpreso. Si ferma e guarda l'aspirina per un minuto.	The teacher comes to Pierre's desk. He sees big white crystals of aspirin. The teacher stops in surprise. He stands and looks at the aspirin for a minute.
"É meraviglioso! La tua aspirina é magnifica!	"It is wonderful! Your aspirin is so nice!

Ma non capisco! Molte volte cerco di fare l'aspirina e mi viene fuori solo una cosa grigia e puzzolente," dice il professore, "Sei promosso," dice lui.

Pierre se ne va dopo l'esame. Il professore vede qualcosa di bianco nel banco di Pierre. Va verso il banco e trova la busta delle aspirine.

"Furbo il ragazzo. Molto bene Pierre. Adesso hai un problema," dice il professore.

But I cannot understand it! I often try to get aspirin and I only get something grey and stinking," the teacher says, "You passed the test," he says.

Pierre goes away after the test. The teacher sees something white at Pierre's desk. He comes to the desk and finds the paper from the aspirin pills.

"Smart guy. Ok, Pierre. Now you have a problem," the teacher says.

15

Maria ed il canguro

Mary and a kangaroo

A

Parole, vocaboli

1. acqua - water
2. andiamo - let us
3. anno - year
4. bagnato, umido/bagnata, umida - wet
5. bambola - doll
6. cadere - to fall; cade - fall
7. canguro - kangaroo
8. capello - hair
9. coda - tail
10. colpire, picchiare - to hit, to beat
11. contenta/felice - happy

12. cosa, che, quale - what; Cos'é questo? - What is this? Quale tavolo? - What table?
13. dare fastidio - to bother
14. Ei! - Hey!
15. fortemente - strongly; forte - strong
16. gelato - ice-cream
17. giocattolo - toy
18. gridare/urlare/ululare/piangere - to cry; grida/urla/ulula/piange - cries
19. insieme, assieme - together
20. largo/ampio - wide; ampiamente - widely
21. leone - lion
22. libreria, scaffale - bookcase
23. me - me
24. mese - month
25. noi - us
26. Oh! - Oh!
27. olimpico - olympic
28. orecchio - ear
29. piano - plan; pianificare - to plan
30. pieno - full
31. povero - poor
32. primo/prima - first
33. quando - when
34. scimmia - monkey
35. secchio - pail
36. senza fare rumore - quietly
37. studiare - to study
38. suo - its (for neuter)
39. tigre - tiger
40. tirare - to pull
41. va bene/bene - okay, well
42. volare - to fly
43. zebra - zebra
44. zoo - zoo

B

Mike é diventato uno studente. Lui studia all'universitá. Studia italiano. Mike vive nella residenza degli studenti. Vive al lato della camera di Pierre.

 Mike é nella sua stanza. Prende il telefono e chiama il suo amico Giuseppe.

"Ciao," dice Giuseppe nel rispondere telefonata.

"Ciao Giuseppe. Sono Mike. Come stai?" dice

Mike is a student now. He studies at a college. He studies Italian. Mike lives at the dorms. He lives next door to Pierre's.

Mike is in his room now. He takes the telephone and calls his friend Giuseppe.

"Hello," Giuseppe answers the call.

"Hello Giuseppe. It is Mike here. How are you?" Mike says.

Mike.

"Ciao Mike. Sto bene. Grazie. E tu, come stai?" risponde Giuseppe.

"Sto bene. Grazie. Vado a fare una passeggiata Cosa pensi fare oggi?" dice Mike.

"Mia sorella Maria mi ha chiesto di portarla allo zoo. La porto adesso. Andiamo insieme," dice Giuseppe.

"Va bene. Vengo con te. Dove c'incontriamo?" domanda Mike.

"Possiamo incontrarci nella fermata degli autobus Olímpico. E di a Pierre di venire con noi," dice Giuseppe.

"Va bene. Ciao," risponde Mike.

"Ci vediamo. Ciao," dice Giuseppe.

Dopo Mike va nella stanza di Pierre. Pierre é in camera sua.

"Ciao," dice Mike.

"Oh, ciao Mike. Entra per favore," dice Pierre. Mike entra.

"Giuseppe, sua sorella ed io andiamo allo zoo. Vuoi venire con noi?" domanda Mike.

"Certo, vengo anch'io (anche io)," dice Pierre.

Mike e Pierre camminano verso la fermata di autobus Olimpico. Vedono Giuseppe e sua sorella Maria che sono lí.

La sorella di Giuseppe ha solo cinque anni. Lei é una bambina piccola ed é piena di energia. Le piacciono molto gli animali. Ma Maria pensa che gli animali sono giocattoli. Gli animali si allontanano da lei perché da loro molto fastidio. Gli tira la coda o l'orecchio, gli da una botta con la mano o con un giocattolo. Maria ha un cane ed un gatto a casa. Quando Maria é a casa il cane rimane sotto al letto ed il gatto sulla libreria. Cosí lei non puó prenderli.

"Hello Mike. I am fine. Thanks. And how are you?" Giuseppe answers.

"I am fine too. Thanks. I will go for a walk. What are your plans for today?" Mike says.

"My sister Mary asks me to take her to the zoo. I will take her there now. Let us go together," Giuseppe says.

"Okay. I will go with you. Where will we meet?" Mike asks.

"Let us meet at the bus stop Olympic. And ask Pierre to come with us too," Giuseppe says.

"Okay. Bye," Giuseppe answers.

"See you. Bye," Giuseppe says.

Then Mike goes to Pierre's room. Pierre is in his room.

"Hello," Pierre says.

"Oh, hello Mike. Come in, please," Pierre says. Mike comes in.

"Giuseppe, his sister and I will go to the zoo. Will you go together with us?" Mike asks.

"Of course, I will go too!" Pierre says.

Mike and Pierre walk to the bus stop Olympic. They see Giuseppe and his sister Mary there.

Giuseppe's sister is only five years old. She is a little girl and she is full of energy. She likes animals very much. But Mary thinks that animals are toys. The animals run away from her because she bothers them very much. She can pull the tail or an ear, hit with a hand or with a toy. Mary has a dog and a cat at home. When Mary is at home the dog is under a bed and the cat sits on the bookcase. So she cannot get them.

Maria, Giuseppe, Mike e Pierre entrano allo zoo.	Mary, Giuseppe, Mike and Pierre come into the zoo.
"Io vivo in Italia da cinque mesi ma é la prima volta che vedo animali grandi," dice Mike.	"I have lived in Italy for five months but see big animals for the first time," Mike says.
Ci sono molti animali nello zoo. Maria é molto contenta. Lei corre verso il leone e la tigre. Da una botta alla zebra con la sua bambola. Tira la coda di una scimmia cosí forte che tutte le scimmie si allontanano urlando. Allora Maria vede un canguro. Il canguro beve acqua da un cubo. Maria sorride e va verso il canguro senza fare rumore. E allora...	There are very many animals in the zoo. Mary is very happy. She runs to the lion and to the tiger. She hits the zebra with her doll. She pulls the tail of a monkey so strong that all the monkeys run away crying. Then Mary sees a kangaroo. The kangaroo drinks water from a pail. Mary smiles and comes to the kangaroo very quietly. And then...
"Ey! Canguroooooo!!!" urla Maria e gli tira la coda. Il canguro guarda Maria con gli occhi spalancati. Lui salta sorpreso per cui il cubo con l'acqua vola per aria e cade addosso a Maria. L'acqua scorre sui suoi capelli, la faccia ed il vestito. Maria é tutta bagnata.	"Hey!! Kangaroo-oo-oo!!" Mary cries and pulls its tail. The kangaroo looks at Mary with wide open eyes. It jumps in surprise so that the pail with water flies up and falls on Mary. Water runs down her hair, her face and her dress. Mary is all wet.
"Tu sei un canguro cattivo! Cattivo!" urla.	"You are a bad kangaroo! Bad!" she cries.
Alcune persone sorridono ed altri dicono: "Povera bambina." Giuseppe porta Maria a casa.	Some people smile and some people say: "Poor girl." Giuseppe takes Mary home.
"Tu non dovresti dare fastidio agli animali," dice Giuseppe e le da un gelato. Maria mangia il gelato.	"You must not bother the animals," Giuseppe says and gives an ice-cream to her. Mary eats the ice-cream.
"Va bene. Non giocheró con gli animali grandi e furiosi," pensa Maria "Giocheró solo con quelli piccoli." Ed é felice di nuovo.	"Okay. I will not play with very big and angry animals," Mary thinks, "I will play with little animals only." She is happy again.

16

Paracadutisti
Parachutists

A

Parole, Vocaboli

1. aereo - airplane
2. ah.. - ah..
3. con rabbia, con ira - angrily
4. allenare - to train; allenato - trained
5. aria - air
6. cadendo - falling
7. chiudere - to close
8. club - club
9. credere - to believe
10. dentro - inside
11. dopo - after
12. esibizione aerea - airshow

13. essere/stare - to be
14. fare - to do
15. fine - over
16. giacca - jacket
17. Giacomo - Giacomo
18. giallo - yellow
19. giusto/esatto - just
20. gomma - rubber
21. grande - great
22. membro - member
23. metallo - metal
24. nella strada - into the street; fuori di - out of
25. nove - nine
26. pantaloni - trousers
27. papá - daddy
28. paracadute - parachute
29. paracadutista - parachutist
30. parte - part
31. pilota - pilot
32. prendere, catturare - to catch; accorgersi, rendersi conto, vestirsi alla moda - to catch on
33. preparare - to prepare
34. proprio/propria - own
35. pubblico - audience
36. reale - real
37. ripieno - stuffed; bambolotto del paracadutista - stuffed parachutist
38. rosso - red
39. salvare - to save
40. scendere da - to get off
41. se - if
42. sebbene - by the way
43. sedia, sedile - seat; sedersi - to take a seat
44. spingere - to push
45. squadra - team
46. terra - land; atterrare - to land
47. tetto - roof
48. trucco - trick
49. un altro - other
50. vestito - dress; vestirsi/indossare - to put on; essere vestito - to be dressed
51. vita - life; manovra di salvataggio - life-saving trick
52. zitto/zitta - silent; silenziosamente - silently

B

É di mattina. Mike va nella camera di Pierre. Pierre si siede di fronte al tavolo e scrive qualcosa. Il gatto di Pierre Preferito é sul suo letto. Dorme tranquillamente.

"Posso entrare?" domanda Mike.

It is morning. Mike comes to Pierre's room. Pierre sits at the table and writes something. Pierre's cat Favorite is on Piere's bed. It sleeps quietly.

"May I come in?" Mike asks.

"Oh Mike. Entra per favore. Come stai?" risponde Pierre.

"Bene. Grazie. Tu come stai?" dice Mike.

"Io sto bene. Grazie. Siediti, per favore," risponde Pierre.

Mike si siede su una sedia.

"Tu sai che io sono membro del club di paracadutismo. Oggi faremo un'esibizione aerea," dice Mike, "Faró alcuni salti lí."

"É molto interessante," risponde Pierre, "Forse vado a vedere l'esibizione aerea."

"Se vuoi ti posso portare e puoi volare in un aereo," dice Mike.

"Davvero? Sarebbe stupendo!" grida Pierre, "A che ora é l'esibizione aerea?"

"Comincia alle dieci in punto del mattino," risponde Mike, "Anche Giuseppe verrá. A proposito, abbiamo bisogno di aiuto per buttare fuori dall'aereo un bambolotto del paracadutista. Ci aiuterai?"

"Un bambolotto del paracadutista? Perché?" dice Pierre sorpreso.

"Sai, é parte dell'esibizione," dice Mike, "É una manovra di salvataggio. Il bambolotto del paracadutista cade. In quel momento un vero paracadutista vola verso di lui, lo prende ed apre il suo paracadute. E "l'uomo" é salvo!"

"Magnifico!" risponde Pierre, "Aiuteró! Andiamo!"

Pierre e Mike escono. Vanno verso la fermata di autobus Olimpica e prendono l'autobus. Sono solo dieci minuti per andare all'esibizione aerea. Quando scendono dall'autobus vedono Giuseppe.

"Ciao Giuseppe," dice Mike, "Andiamo sull'aereo."

"Oh, Mike. Come in please. How are you?" Pierre answers.

"Fine. Thanks. How are you?" Mike says.

"I am fine. Thanks. Sit down, please," Pierre answers.

Mike sits on a chair.

"You know I am a member of a parachute club. We will have an airshow today," Mike says, "I will make some jumps there."

"It is very interesting," Pierre answers, "I may come to see the airshow."

"If you want I can take you there and you can fly in an airplane," Mike says.

"Really? That will be great!" Pierre cries, "What time is the airshow?"

"It begins at ten o'clock in the morning," Mike answers, "Guiseppe will come too. By the way we need help to push a stuffed parachutist out of the airplane. Will you help?"

"A stuffed parachutist? Why?" Pierre says in surprise.

"You see, it is a part of the show," Mike says, "This is a life-saving trick. The stuffed parachutist falls down. At this time a real parachutist flies to it, catches it and opens his own parachute. The "man" is saved!"

"Great!" Pierre answers, "I will help. Let's go!"

Pierre and Mike go outside. They come to the bus stop Olympic and take a bus. It takes only ten minutes to go to the airshow. When they get off the bus, they see Giuseppe.

"Hello Giuseppe," Mike says, "Let's go to the airplane."

They see a parachute team at the airplane.

Vedono un gruppo di paracadutismo di fronte all'aereo. Si dirigono dal capogruppo. Il capogruppo é vestito con pantaloni e giacca rossa.

"Ciao Giacomo," dice Mike "Pierre e Giuseppe aiuteranno nella manovra di salvataggio."

"Va bene. Il bambolotto del paracadutista é qui," dice Giacomo. E gli da il bambolotto del paracadutista. Il bambolotto del paracadutista é vestito con pantaloni e giacca rossa.

"É vestito come te," dice Giuseppe sorridendo a Giacomo.

"Non abbiamo tempo di parlare di queste cose," dice Giacomo, "Portalo dentro l'aereo."

Pierre e Giuseppe mettono il bambolotto del paracadutista dentro l'aereo. Loro si siedono a lato del pilota. Tutto il gruppo dei paracadutisti meno il capogruppo entrano nell'aereo. Chiudono la porta. In cinque minuti l'aereo é in aria. Quando vola su Genova Giuseppe vede la sua casa.

"Guarda! La mia casa é lá!" grida Giuseppe.

Pierre guarda attraverso la finestra le strade, piazze e parchi della cittá. É meraviglioso volare in un'aereo.

"Preparatevi per saltare!" grida il pilota. I paracadutisti si alzano. Aprono la porta.

"Dieci, nove, otto, sette, sei, cinque, quattro, tre, due, uno. Andiamo!" grida il pilota.

I paracadutisti cominciano a saltare dall'aereo. Il pubblico da sotto osserva paracaduti di tutti i colori, rosso, verde, bianco, azzurro, e giallo. Sembra molto bello. Anche Giacomo, il capogruppo dei paracadutisti, li osserva. I paracadutisti volano ed alcuni sono giá atterrati.

"Va bene. Buon lavoro ragazzi," dice Giacomo

They come to the head of the team. The head of the team is dressed in red trousers and a red jacket.

"Hello Giacomo," Mike says, "Pierre and Giuseppe will help with the life-saving trick."

"Okay. The stuffed parachutist is here," Giacomo says. He gives them the stuffed parachutist. The stuffed parachutist is dressed in red trousers and a red jacket.

"It is dressed like you," Giuseppe says smiling to Giacomo.

"We have no time to talk about it," Giacomo says, "Take it into this airplane."

Pierre and Giuseppe take the stuffed parachutist into the airplane. They take seats at the pilot. All the parachute team but its gets into the airplane. They close the door. In five minutes the airplane is in the air. When it flies over Genova Giuseppe sees his own house.

"Look! My house is there!" Giuseppe cries.

Pierre looks through the window at streets, squares, and parks of the city. It is wonderful to fly in an airplane.

"Prepare to jump!" the pilot cries. The parachutists stand up. They open the door.

"Ten, nine, eight, seven, six, five, four, three, two, one. Go!" the pilot cries.

The parachutists begin to jump out of the airplane. The audience down on the land sees red, green, white, blue, yellow parachutes. It looks very nice. Giacomo, the head of the parachute team looks up too. The parachutists fly down and some land already.

"Okay. Good work guys," Giacomo says and goes to the nearby café to drink some

e va al caffé vicino per bere un caffé.

L'esibizione aerea continua.

"Preparatevi per il trucco salvavite!" grida il pilota.

Giuseppe e Pierre portano il bambolotto del paracadutista verso la porta.

"Dieci, nove, otto, sette, sei, cinque, quattro, tre, due, uno. Andiamo!" grida il pilota.

Pierre e Giuseppe spingono il bambolotto del paracadutista fuori la porta. Questo cade ma dopo si ferma. La "mano" di gomma é intrappolata in una delle parti metalliche dell'aereo.

"Andiamo, andiamo ragazzi!" grida il pilota.

I ragazzi spingono con forza il bambolotto del paracadutista ma non riescono a tirarlo fuori.

Il pubblico da sotto vede un'uomo vestito di rosso nella porta dell'aereo. Altri due uomini cercano di spingerlo fuori. La gente non puó credere quello che vede. Passa circa un minuto. Un'altro paracadutista salta dall'aereo e cerca di prenderlo. Ma non ci riesce. Il paracadutista rosso cade a terra. Cade sul tetto del caffé e va a finire dentro. Il pubblico guarda silenziosamente. Allora la gente vede un uomo vestito di rosso correndo fuori il caffé. Quest'uomo vestito di rosso é Giacomo, il capogruppo dei paracadutisti. Ma il pubblico pensa che lui é un paracadutista che é caduto. Lui guarda in su e grida con rabbia "Se tu non puoi prendere un'uomo allora non tentarlo!"

Il pubblico é in silenzio.

"Papá, quest'uomo é molto forte," dice una piccola bambina al suo papá.

"É ben allenato," le risponde il papá.

Dopo la dimostrazione aerea Pierre e Giuseppe vanno da Mike.

coffee.

The airshow goes on.

"Prepare for the life-saving trick!" the pilot cries.

Giuseppe and Pierre take the stuffed parachutist to the door.

"Ten, nine, eight, seven, six, five, four, three, two, one. Go!" the pilot cries.

Pierre and Giuseppe push the stuffed parachutist through the door. It goes out but then stops. Its rubber "hand" catches on some metal part of the airplane.

"Go-go boys!" the pilot cries.

The boys push the stuffed parachutist very strongly but cannot get it out.

The audience down on the land sees a man dressed in red in the airplane door. Two other men try to push him out. People cannot believe their eyes. It goes on about a minute. Then the parachutist in red falls down. Another parachutist jumps out of the airplane and tries to catch it. But he cannot do it. The parachutist in red falls down. It falls through the roof inside of the café. The audience looks silently. Then the people see a man dressed in red run outside of the café. This man in red is Giacomo, the head of the parachutist team. But the audience thinks that he is that falling parachutist. He looks up and cries angrily, "If you cannot catch a man then do not try it!"

The audience is silent.

"Daddy, this man is very strong," a little girl says to her dad.

"He is well trained," the dad answers.

After the airshow Pierre and Giuseppe go to Mike.

"Come ti é sembrato il nostro lavoro?" domanda Giuseppe.

"Ah… Oh, molto buono. Grazie," risponde Mike.

"Se hai bisogno di aiuto dillo soltanto." dice Pierre.

"How is our work?" Giuseppe asks.

"Ah… Oh, it is very good. Thank you," Mike answers.

"If you need some help just say," Pierre says.

17

Spegni la cucina a gas!

Turn the gas off!

A

Parole, vocaboli

1. all'improvviso - suddenly
2. asilo - kindergarten
3. astuto, furbo - sly; astutamente - slyly
4. attento/attenta - careful
5. biglietto, ticket - ticket
6. caldo, tiepido - warm; riscaldare - to warm up
7. chi - who
8. chilometro - kilometer
9. congelare - to freeze
10. cornetta del telefono - phone handset

11. diffondere, spalmare - to spread
12. dimenticó, scordó - forgot
13. dovró, verbi ausiliari usati per indicare futuro - shall/will
14. ferrovia - railway
15. fuoco - fire
16. gas - gas
17. gattino/gattina - pussycat
18. girare - to turn; accendere - to turn on; chiudere/spegnere - to turn off
19. immediatamente - immediately
20. intanto - meanwhile
21. mettere verticalmente - to put vertically; mettere orizontalmente - to put horizontally
22. momento - moment
23. ordinare, chiedere - to order
24. pallido/pallida - pale
25. Pérez - Perez
26. pertanto, cosí - so
27. piede - foot; a piedi, camminando - on foot
28. quarantaquattro - forty-four
29. raccontare, dire - to tell, to say
30. rapido, svelto - quick; rapidamente - quickly
31. riempire - to fill up
32. rubinetto - tap
33. segretaria - secretary
34. sentire (sentimenti), accorgersi, notare - feeling
35. stazione - station
36. strano - strange
37. suonare, squillare - to ring; suona, squilla - ring
38. teiera - kettle
39. treno - train
40. tutto - everything
41. undici - eleven
42. venti - twenty
43. vicino - nearby
44. vivendo - living
45. voce - voice

B

Sono le sette in punto del mattino. Giuseppe e Maria dormono. Sua madre é in cucina. Il nome della loro mamma é Fabia. Fabia ha quarantaquattro anni. Lei é una donna accurata, molto attenta. Fabia pulisce la cucina prima di andare a lavorare. Lei é segretaria. Lavora a venti kilometri da Genova. Fabia normalmente prende il treno

It is seven o'clock in the morning. Giuseppe and Mary sleep. Their mother is in the kitchen. The mother's name is Fabia. Fabia is forty-four years old. She is a careful woman. Fabia cleans the kitchen before she goes to work. She is a secretary. She works twenty kilometers away from Genova. Fabia usually goes to work by

per andare al suo lavoro.

Esce. La stazione del treno é vicina, quindi Fabia va a piedi. Compra il biglietto sul treno. Ci vogliono circa venti minuti per arrivare al lavoro. Fabia si siede nel treno e guarda dalla finestra.

Ad un tratto si paralizza. La teiera! La teiera é sulla cucina e si é dimenticata di spegnere il fornello della cucina a gas! Giuseppe e Maria dormono. Il fuoco puó spargersi sui mobili e poi... Fabia diventa pallida. Ma lei é una donna intelligente e in un minuto sa cosa fare. Chiede ad una donna e ad un uomo che sono seduti vicino a lei di telefonare a casa sua e che dicano a Giuseppe della teiera.

Intanto Giuseppe si alza, si lava e va in cucina. Prende la teiera dal tavolo la riempie con acqua e la mette sulla cucina. Dopo prende il pane ed il burro e fa dei panini. Maria viene in cucina.

"Dov'é il mio piccolo micio (gattino)?" domanda lei.

"Non lo so," risponde Giuseppe, "Vai in bagno a lavarti il viso. Adesso beviamo un pó di té e mangiamo dei panini. Dopo ti porteró all'asilo."

Maria non vuole lavarsi. "Io non posso girare il rubinetto," dice lei astutamente.

"Ti aiuteró," dice suo fratello. In quel momento squilla il telefono. Maria corre per rispondere rapidamente al teléfono.

"Ciao, questo é lo zoo. Tu chi sei?" dice lei. Giuseppe le toglie il telefono e dice "Ciao, sono Giuseppe."

"Sei tu Giuseppe Pérez quello che vive in via Regina numero 11?" gli domanda una strana voce di donna.

"Sí," le risponde Giuseppe.

"Vai in cucina immediatamente e spegni il

train.

She goes outside. The railway station is nearby, so Fabia goes there on foot. She buys a ticket and gets on a train. It takes about twenty minutes to go to work. Fabia sits in the train and looks out of the window.

Suddenly she freezes. The kettle! It stands on the cooker and she forgot to turn the gas off! Giuseppe and Mary sleep. The fire can spread on the furniture and then... Fabia turns pale. But she is a smart woman and in a minute she knows what to do. She asks a woman and a man, who sit nearby, to telephone her home and tell Giuseppe about the kettle.

Meanwhile Giuseppe gets up, washes and goes to the kitchen. He takes the kettle off the table, fills it up with water and puts it on the cooker. Then he takes bread and butter and makes sandwiches. Mary comes into the kitchen.

"Where is my little pussycat?" she asks.

"I do not know," Giuseppe answers, "Go to the bathroom and wash your face. We will drink some tea and eat some sandwiches now. Then I will take you to the kindergarten."

Mary does not want to wash. "I cannot turn on the water tap," she says slyly.

"I will help you," her brother says. At this moment the telephone rings. Mary runs quickly to the telephone and takes the handset.

"Hello, this is the zoo. And who are you?" she says. Giuseppe takes the handset from her and says, "Hello. This is Giuseppe."

"Are you Giuseppe Perez living at eleven via Regina?" the voice of a strange woman asks.

"Yes," Giuseppe answers.

"Go to the kitchen immediately and turn

fornello della cucina a gas!" grida la voce della donna.

"Chi sei tu? Perché devo spegnere il fornello della cucina?" dice Giuseppe sorpreso.

"Fallo adesso!" gli ordina la voce.

Giuseppe spegne il fornello della cucina. Maria e Giuseppe guardano la teiera sorpresi.

"Non capisco," dice Giuseppe, "Come puó questa donna sapere che stiamo per bere il té?"

"Ho fame," dice sua sorella, "Quando mangeremo?"

"Anch'io (anche io) ho fame," dice Giuseppe ed accende il fornello un'altra volta. In quel momento il telefono squilla nuovamente.

"Ciao," dice Giuseppe.

"Sei tu Giuseppe Pérez che vive in via Regina numero 11?" domanda una strana voce di uomo.

"Si," risponde Giuseppe.

"Spegni i fornelli della cucina a gas immediatamente! Stai attento!" gli ordina la voce.

"Va bene," dice Giuseppe e spegne la cucina a gas un'altra volta.

"Andiamo all'asilo," dice Giuseppe a Maria pensando che oggi non berranno il té.

"No. Voglio un pó di té e pane e burro," dice Maria arrabbiata.

"Bene, cerchiamo di scaldare la teiera un'altra volta," dice suo fratello ed accende il gas.

Il telefono squilla e questa volta sua madre gli ordina di spegnere la cucina a gas. Dopo gli spiega tutto. Finalmente Maria e Giuseppe bevono il té e vanno all'asilo.

the gas off!" the woman's voice cries.

"Who are you? Why must I turn the gas off?" Giuseppe says in surprise.

"Do it now!" the voice orders.

Giuseppe turns the gas off. Mary and Giuseppe look at the kettle in surprise.

"I do not understand," Giuseppe says, "How can this woman know that we will drink tea?"

"I am hungry," his sister says, "When will we eat?"

"I am hungry too," Giuseppe says and turns the gas on again. At this minute the telephone rings again.

"Hello," Giuseppe says.

"Are you Giuseppe Perez who lives at eleven via Regina?" the voice of a strange man asks.

"Yes," Giuseppe answers.

"Turn off the cooker gas immediately! Be careful!" the voice orders.

"Okay," Giuseppe says and turns the gas off again.

"Let's go to the kindergarten," Giuseppe says to Mary feeling that they will not drink tea today.

"No. I want some tea and bread with butter," Mary says angrily.

"Well, let's try to warm up the kettle again," her brother says and turns the gas on.

The telephone rings and this time their mother orders to turn the gas off. Then she explains everything. At last Mary and Giuseppe drink tea and go to the kindergarten.

18

Un'agenzia per l'impiego

A job agency

A

Parole, vocaboli

1. aiutante - helper
2. anche - also
3. attorno, tutto intorno - all-round
4. attuale - current
5. Bene! - cool, great
6. braccio - arm
7. capelli grigi - gray-headed
8. casa editrice - publishing house
9. cavo - cable
10. come - as
11. con attenzione - carefully
12. confuso - confused
13. consulente - consultant
14. consultare - to consult

15. correndo - running
16. elettrico/elettrica - electric
17. esperienza - experience
18. essere d'accordo - to agree
19. forte - strong; fortemente - strongly
20. fu/é stato - was
21. individualmente - individually
22. l'ora - per hour
23. l'uno all'altro - each other
24. lavoro manuale - manual work
25. lavoro mentale - mental work
26. lo stesso - the same; allo stesso tempo - at the same time
27. materasso - mattress
28. mentale - mental; mentalmente - mentally
29. mentire - to lie
30. mezza/mezzo - half
31. mortale/fatale - deadly
32. numero - number
33. paese - town
34. permettere - to let
35. posizione - position
36. preoccuparsi - to worry
37. pulendo - cleaning
38. quindici - fifteen
39. raccomandare - to recommend
40. seriamente, sul serio - seriously
41. sessanta - sixty
42. sicuro/sicura - sure
43. signore - sir
44. storia - story
45. suolo - floor
46. tremare - to shake
47. visita - visitor

 **B**

Un giorno Pierre va nella stanza di Mike e vede che il suo amico é steso sul letto e trema. Pierre vede dei cavi della corrente che escono dalla teiera verso Mike. Pierre crede che Mike sia sulla corrente elettrica mortale. Rapidamente, si avvicina al letto, prende il materasso e lo scuote fortemente. Mike cade per terra. Allora si alza e guarda Pierre sorpreso.

"Cosa c'é?" domanda Mike.

"Eri sulla corrente elettrica," dice Pierre.

One day Pierre goes to Mike's room and sees that his friend lies on the bed and shakes. Pierre sees some electrical cables running from Mike to the electric kettle. Pierre believes that Mike is under a deadly electric current. He quickly goes to the bed, takes the mattress and pulls it strongly. Mike falls to the floor. Then he stands up and looks at Pierre in surprise.

"What was it?" Mike asks.

"You were on electrical current," Pierre

"No, sto ascoltando la musica," dice Mike e gli fa vedere il lettore di CD.

"Oh, mi dispiace," dice Pierre. Lui é confuso.

"Va bene. Non ti preoccupare," risponde Mike con calma pulendo i suoi pantaloni.

"Giuseppe ed io andiamo ad un'agenzia per l'impiego. Tu vuoi venire con noi?" domanda Pierre.

"Certo. Andiamo insieme," dice Mike.

Escono e prendono l'autobus numero sette. Ci vogliono circa quindici minuti per arrivare all'agenzia per l'impiego.. Giuseppe é giá lí. Entrano nel palazzo. C'é una lunga fila per entrare all'ufficio dell'agenzia per l'impiego. Fanno la fila. In mezz'ora entrano nell'ufficio. C'é un tavolo ed alcuni scaffali nella stanza. Seduto di fronte al tavolo c'é un'uomo con i capelli grigi. Lui ha circa sessant'anni.

"Entrate ragazzi!" dice amichevolmente, "Sedetevi, per favore."

Giuseppe, Mike e Pierre si siedono.

"Il mio nome é Paolo Falchi. Sono un consulente del lavoro. Normalmente parlo con i visitatori individualmente. Ma siccome voi siete tutti studenti e vi conoscete posso consigliarvi tutti assieme. Siete d'accordo?"

"Si signore," dice Giuseppe, "Noi abbiamo tre o quattro ore libere tutti i giorni. Abbiamo bisogno di trovare un lavoro per occupare questo tempo."

"Bene, ho alcuni lavori per studenti. E tu, spegni il tuo lettore di CD," gli dice il Sig. Falchi a Mike.

"Io posso sentire Lei e la musica allo stesso tempo," dice Mike.

"Se tu vuoi trovare un lavoro sul serio, spegni il lettore di CD ed ascolta con attenzione quello che dico," dice il Sig. Falchi, "Adesso

"No, I listen to the music," Mike says and shows his CD player.

"Oh, I am sorry," Pierre says. He is confused.

"It's okay. Do not worry," Mike answers quietly cleaning his trousers.

"Giuseppe and I go to a job agency. Do you want to go with us?" Pierre asks.

"Sure. Let's go together," Mike says.

They go outside and take the bus number seven. It takes them about fifteen minutes to go to the job agency. Giuseppe is already there. They come into the building. There is a long queue to the office of the job agency. They stand in the queue. In half an hour they come into the office. There is a table and some bookcases in the room. At the table sits a gray-headed man. He is about sixty years old.

"Come in guys!" he says friendly, "Take seats, please."

Giuseppe, Mike and Pierre sit down.

"My name is Paolo Falchi. I am a job consultant. Usually I speak with visitors individually. But as you are all students and know each other I can consult you all together. Do you agree?"

"Yes, sir," Giuseppe says, "We have three or four hours of free time every day. We need to find jobs for that time, sir."

"Well. I have some jobs for students. And you take off your player," Mr. Falchi says to Mike.

"I can listen to you and to music at the same time," Mike says.

"If you seriously want to get a job take the player off and listen carefully to what I

ragazzi ditemi: di che tipo di lavoro avete bisogno? Un lavoro intellettuale o manuale?"

"Io posso fare qualsiasi lavoro," dice Pierre. "Un braccio di ferro?" dice lui e mette il suo braccio sul tavolo del Sig. Falchi.

"Questo non é un club sportivo ma se vuoi..." dice il Sig. Falchi. Mette il suo braccio sul tavolo e rapidamente spinge in giú il braccio di Pierre, "Come vedi figlio mio, non solo devi essere forte ma anche intelligente,"

"Io posso anche lavorare con la testa Signore," dice di nuovo Pierre. Desidera molto trovare un lavoro. "Io posso scrivere storie. Ho alcune storie sulla mia città di origine."

"Questo é molto interessante," dice il Sig. Falchi. prende un foglio, "L'editoriale "All-round" ha bisogno di un aiutante giovane per occupare una carica da scrittore. Pagano nove euro l'ora."

"Che bello!" dice Pierre, "Posso provare?"

"Certo. Qui é il loro numero di telefono e l'indirizzo," dice il Sig. Falchi e da a Pierre un foglio.

"E voi ragazzi potete scegliere un lavoro in una fattoria, in una ditta d'informatica, in un giornale o in un supermercato. Siccome non avete esperienza vi raccomando di cominciare a lavorare in una fattoria. Loro hanno bisogno di due lavoratori," dice il Sig. Falchi a Giuseppe e Mike.

"Quanto pagano?" domanda Giuseppe.

"Lasciatemi vedere..." il Sig. Falchi guarda il suo computer, "Loro hanno bisogno di due lavoratori per tre o quattro ore al giorno e pagano sette euro l'ora. I sabati e domeniche sono liberi. Siete d'accordo?" domanda lui.

"Io sono d'accordo," dice Giuseppe.

"Anch'io (anche io) sono d'accordo," dice

say;" Mr. Falchi says, "Now guys say what kind of job do you need? Do you need mental or manual work?"

"I can do any work," Pierre says, "I am strong. Want to arm?" he says and puts his arm on Mr. Falchi's table.

"It is not a sport club here but if you want..." Mr. Falchi says. He puts his arm on the table and quickly pushes down Pierre's arm, "As you see son, you must be not only strong but also smart."

"I can work mentally too, sir," Pierre says again. He wants to get a job very much. "I can write stories. I have some stories about my native town."

"This is very interesting," Mr. Falchi says. He takes a sheet of paper, "The publishing house "All-round" needs a young helper for a writing position. They pay nine euro per hour."

"Cool!" Pierre says, "Can I try?"

"Sure. Here are their telephone number and their address," Mr. Falchi says and gives a sheet of paper to Pierre.

"And you guys can choose a job on a farm, in a computer firm, on a newspaper or in a supermarket. As you do not have any experience I recommend you to begin to work in a farm. They need two workers," Mr. Falchi says to Giuseppe and Mike.

"How much do they pay?" Giuseppe asks.

"Let me see..." Mr. Falchi looks into the computer, "They need workers for three or four hours a day and they pay seven euro per hour. Saturdays and Sundays are free. Do you agree?" he asks.

"I agree," Giuseppe says.

"I agree too," Mike says.

Mike.

"Bene. Prendete il numero di telefono e l'indirizzo della fattoria," dice il Sig. Falchi e gli da un foglio.

"Grazie signore," gli dicono i ragazzi ed escono.

"Well. Take the telephone number and the address of the farm," Mr. Falchi says and gives a sheet of paper to them.

"Thank you, sir," the boys say and go outside.

19

Giuseppe e Mike lavano il camion (parte 1)
Giuseppe and Mike wash the truck (part 1)

A

Parole, vocaboli

1. al principio - at first
2. abbastanza - quite
3. adeguato - suitable
4. anche - too; troppo grande - too big
5. arrivare - to arrive
6. aspettare - to wait
7. barca, nave - ship
8. campagna - field
9. caricando - loading
10. caricare - to carry in hands; trasportare - to carry by transport

11. chiuso - close
12. cominciare - to start
13. controllare - to check
14. costa - seashore
15. dando passi - stepping
16. Daniele - Daniele
17. davanti - front
18. decimo - tenth
19. forza - strength
20. freno - brake; frenare - to brake
21. galleggiare - to float
22. giardino, cortile - yard
23. impiegato - employer
24. lavando - washing
25. lentamente - slowly
26. lontano - far
27. lungo - along
28. macchina - machine
29. mare - sea
30. metro - meter
31. molto - lot
32. motore - engine
33. nessuno, niente - not any
34. nono - ninth
35. onda - wave
36. ottavo - eighth
37. padrone - owner
38. patente - driving license
39. piú grande - bigger
40. piú lontano - further
41. piú vicino - closer
42. pulendo - cleaning
43. quarto - fourth
44. quinto - fifth
45. ruota - wheel
46. scaricare - to unload
47. scatola - box
48. secondo - second
49. seme(sing)/semi(plural) - seed
50. sesto - sixth
51. settimo/settima - seventh
52. spingere - pitching
53. strada - road
54. terzo - third
55. usare - to use

B

Adesso Giuseppe e Mike lavorano in una fattoria. Loro lavorano tre o quattro ore tutti i giorni. Il lavoro é abbastanza duro. Devono lavorare molto tutti i giorni. Puliscono il giardino della fattoria ogni due giorni.

Giuseppe and Mike work on a farm now. They work three or four hours every day. The work is quite hard. They must do a lot of work every day. They clean the farm yard every second day. They wash the farm

Puliscono le macchine della fattoria ogni tre giorni. Ogni quattro giorni lavorano nella campagna della fattoria.

Il nome del datore di lavoro é Daniele Martini. Il Sig. Martini é il padrone della fattoria e lui fa la maggior parte del lavoro. Il Sig. Martini lavora molto duramente. Da anche molto lavoro a Giuseppe e Mike.

"Ei ragazzi, finite di pulire le macchine, prendete il camion e andate alla ditta di trasporto Rapid," dice il Sig. Martini, "Loro hanno un carico per me. Caricate le casse di semi nel camion, portatele nella fattoria e scaricatele nel giardino della fattoria. Fatelo subito perché ho bisogno di usare i semi oggi. E non vi dimenticate di lavare il camion."

"D'accordo," dice Giuseppe. Essi finiscono di pulire ed entrano nel camion. Giuseppe ha la patente per guidare per cui lui guida il camion. Accende il motore e comincia a guidare lentamente attraverso il giardino e dopo piú svelto sulla strada. La ditta di trasporto Rapid non é lontana dalla fattoria. Arrivano in quindici minuti. Loro cercano la porta di carico numero dieci.

Giuseppe guida il camion con attenzione attraverso il cortile di carico. Passano la prima porta di carico , la seconda, la terza, la quarta, la quinta, la sesta, la settima, l'ottava e per ultimo la nona porta di carico. Giuseppe guida fino alla decima porta di carico e si ferma.

"Dobbiamo controllare prima la lista di carico ," dice Mike, che ha giá fatto un pó di esperienza con le liste di carico in questa ditta di trasporto. Si avvicina al caricatore che lavora nella porta e gli da la lista di carico . Il caricatore scarica subito cinque scatole sul camion. Mike controlla le scatole con attenzione. Tutti i numeri delle scatole

machines every third day. Every fourth day they work in the farm fields.

Their employer's name is Daniele Martini. Mr. Martini is the owner of the farm and he does most of the work. Mr. Martini works very hard. He also gives a lot of work to Giuseppe and Mike.

 "Hey boys, finish cleaning the machines, take the truck and go to the transport firm Rapid," Mr. Martini says, "They have a load for me. Load boxes with the seed in the truck, bring them to the farm, and unload in the farm yard. Do it quickly because I need to use the seed today. And do not forget to wash the truck."

"Okay," Giuseppe says. They finish cleaning and get into the truck. Giuseppe has a driving license so he drives the truck. He starts the engine and drives at first slowly through the farm yard, then quickly along the road. The transport firm Rapid is not far from the farm. They arrive there in fifteen minutes. They look for the loading door number ten there.

Giuseppe drives the truck carefully through the loading yard. They go past the first loading door, past the second loading door, past the third, past the fourth, past the fifth, past the sixth, past the seventh, past the eighth, then past the ninth loading door. Giuseppe drives to the tenth loading door and stops.

 "We must check the loading list first," Mike says who already has some experience with loading lists at this transport firm. He goes to the loader who works at the door and gives him the loading list. The loader loads quickly five boxes into their truck. Mike checks the boxes carefully. All numbers on the boxes have numbers from the loading

corrispondono ai numeri della lista di carico.

"I numeri sono corretti. Possiamo andarcene adesso," dice Mike.

"Va bene," dice Giuseppe e accende il motore, "Io penso che possiamo lavare il camion adesso. C'é un posto adatto non lontano da qui."

In cinque minuti arrivano sulla costa.

"Tu vuoi lavare il camión qui?" domanda Mike sorpreso.

"Si! É un bel posto. No?" dice Giuseppe.

"E dove troviamo un secchio?" domanda Mike.

"Noi non abbiamo bisogno di nessun secchio. Io guideró molto vicino al mare. Prenderemo l'acqua del mare," dice Giuseppe e guida vicino l'acqua. Le ruote anteriori entrano in acqua e le onde passano su di loro.

"Scendiamo e incominciamo a lavarlo," dice Mike.

"Aspetta un minuto. Mi avvicino un pó di piú," dice Giuseppe e guida uno o due metri in piú verso il mare, "Adesso é meglio."

Allora un'onda piú grande si va verso loro e l'acqua alza un pó il camion e lo trascina lentamente dentro l'acqua.

"Fermalo! Giuseppe ferma il camion!" grida Mike, "Giá siamo dentro l'acqua! Per favore, fermalo!"

"Non si ferma!" grida Giuseppe frenando con tutte le sue forze, "Non posso fermarlo!"

Il camion galleggia lentamente allontanandosi nel mare galleggiando sulle onde come una piccola barca.

(continuerá)

list.

"Numbers are correct. We can go now," Mike says.

"Okay," Giuseppe says and starts the engine, "I think we can wash the truck now. There is a suitable place not far from here."

In five minutes they arrive to the seashore.

"Do you want to wash the truck here?" Mike asks in surprise.

"Yeah! It is a nice place, isn't it?" Giuseppe says.

"And where will we take a pail?" Mike asks.

"We do not need any pail. I will drive very close to the sea. We will take the water from the sea," Giuseppe says and drives very close to the water. The front wheels go in the water and the waves run over them.

"Let's get out and begin washing," Mike says.

"Wait a minute. I will drive a bit closer," Giuseppe says and drives one or two meters further, "It is better now."

Then a bigger wave comes and the water lifts the truck a little and carries it slowly further into the sea.

"Stop! Giuseppe, stop the truck!" Mike cries, "We are in the water already! Please, stop!"

"It will not stop!!" Giuseppe cries stepping on the brake with all his strength, "I cannot stop it!!"

The truck slowly floats further in the sea pitching on the waves like a little ship.

(to be continued)

20

Giuseppe e Mike lavano il camion (parte 2)
Giuseppe and Mike wash the truck (part2)

A

Parole, vocaboli

1. alimentare - to feed
2. assassino/assassina - killer
3. balena - whale; orca - killer whale
4. caro/cara - dear
5. cerimonia - ceremony
6. cisterna - tanker
7. controllo - control
8. costa - shore
9. costante - constant
10. destro/destra - right
11. dirigere, guidare - to steer
12. discorso - speech

13. domani - tomorrow
14. erano /stavano - were
15. esempio - example; per esempio - for example
16. fa - ago; un anno fa - a year ago
17. fluire - to flow
18. fotografiare - to photograph; fotografo - photographer
19. galleggiando - floating
20. giornalista - journalist
21. godere, divertirsi - enjoy
22. incidente - accident
23. informare - to inform
24. ingoiare - to swallow
25. inquinare - to pollute
26. liberare - to set free
27. licenziare - to fire
28. mai - never
29. meraviglioso/meravigliosa - wonderful
30. nuotare - to swim
31. olio - oil
32. per - for
33. pulito - cleaned
34. quale - which
35. riabilitare - to rehabilitate
36. riabilitazione - rehabilitation
37. ridere - to laugh
38. riscattare - to rescue
39. servizio di soccorso - rescue service
40. si cerca - wanted
41. sinistra - left
42. situazione - situation
43. soldi - money
44. succedere - to happen; successe - happened
45. uccello - bird
46. venticinque - twenty-five
47. vento - wind

B

Il camion galleggia lentamente dentro il mare galleggiando sulle onde come una piccola barca.

Giuseppe guida il camion per dirigerlo a sinistra e a destra frenando e accelerando. Ma non puó controllare il camion. Un forte vento spinge il camion lungo la costa. Giuseppe e Mike non sanno cosa fare. Solo si siedono e guardano dalle finestre. L'acqua del

The truck floats slowly further in the sea pitching on the waves like a little ship.

Giuseppe steers to the left and to the right stepping on the brake and gas. But he cannot control the truck. A strong wind pushes it along the seashore. Giuseppe and Mike do not know what to do. They just sit and look out of the windows. The sea water begins to run inside.

mare comincia a entrare dentro.

"Usciamo e sediamoci sul tetto," dice Mike.

Si siedono sul tetto.

"Mi domando cosa dirá il Sig. Martini?" dice Mike.

Il camion galleggia lentamente circa a venti metri dalla costa. Alcune persone sulla costa si fermano e guardano sorprese.

"Il Sig. Martini ci puó licenziare," risponde Giuseppe.

Intanto il direttore dell'universitá il Sig. Ferrara va nel suo ufficio. La segretaria gli dice che oggi ci sará una cerimonia. Libereranno due uccelli marini dopo il loro riscatto. I lavoratori del centro di riabilitazione gli hanno pulito l'olio che avevano dopo dell'incidente con la cisterna Big Pollution. L'incidente é successo un mese fa. Il Sig. Ferrara deve fare un discorso. La cerimonia comincia fra venticinque minuti.

Il Sig. Ferrara e la sua segretaria prendono un tassí e in dieci minuti arrivano al luogo della cerimonia. I due uccelli giá sono lí. Ora non sono tanto bianchi come erano normalmente. Ma adesso possono nuotare e volare di nuovo. Nel luogo c'é molta gente, giornalisti e fotografi. In due minuti comincia la cerimonia. Il Sig. Ferrara comincia il suo discorso.

"Cari amici!" dice lui, "L'incidente con la cisterna Big Pollution é successo in questo posto un mese fa. Adesso noi dobbiamo riabilitare molti uccelli e animali. Questo costa molti soldi. Per esempio la riabilitazione di ognuno di questi uccelli costa 5,000 euro! E sono contento di informarvi in questo momento che dopo un mese di riabilitazione questi due meravigliosi uccelli saranno liberati."

Due uomini prendono una scatola con gli uccelli, la portano vicino l'acqua e la aprono.

"Let's go out and sit on the roof," Mike says.

They sit on the roof.

"What will Mr. Martini say, I wonder?" Mike says.

The truck floats slowly about twenty meters away from the shore. Some people on the shore stop and look at it in surprise.

"Mr. Martini may fire us," Giuseppe answers.

Meanwhile the head of the college Mr. Ferrara comes to his office. The secretary says to him that there will be a ceremony today. They will set free two sea birds after rehabilitation. Workers of the rehabilitation centre cleaned oil off them after the accident with the tanker Big Pollution. The accident happened one month ago. Mr. Ferrara must make a speech there. The ceremony begins in twenty-five minutes.

Mr. Ferrara and his secretary take a taxi and in ten minutes arrive to the place of the ceremony. These two birds are already there. Now they are not so white as usually. But they can swim and fly again now. There are many people, journalists, photographers there now. In two minutes the ceremony begins. Mr. Ferrara begins his speech.

"Dear friends!" he says, "The accident with the tanker Big Pollution happened at this place a month ago. We must rehabilitate many birds and animals now. It costs a lot of money. For example the rehabilitation of each of these birds costs 5,000 euro! And I am glad to inform you now that after one month of rehabilitation these two wonderful birds will be set free."

Gli uccelli escono dalla scatola e saltano nell'acqua nuotando. I fotografi fanno fotografie. I giornalisti domandano ai lavoratori del centro di riabilitazione sugli animali.

Ad un tratto una grande orca esce dall'acqua e rapidamente ingoia i due uccelli e si immerge nell'acqua un'altra volta. Tutte le persone guardano verso il luogo dove erano prima gli uccelli. Il direttore dell'università non crede a quello che ha appena visto. L'orca esce alla superfice di nuovo cercando altri uccelli. Siccome non ci sono altri uccelli lí, si immerge nell'acqua un'altra volta. Il Sig. Ferrara deve finire il suo discorso adesso.

"Ah...," lui cerca le parole adeguate, "Il meraviglioso flusso della vita non si ferma mai. Gli animali grandi mangiano quelli piccoli e cosí successivamente... ah... Cos'é quello?" dice guardando verso l'acqua. Tutte le persone guardano di lá e vedono un gran camion galleggiando lungo la costa spinto dalle onde come una barca. Due ragazzi seduti sul camion guardano verso il luogo della cerimonia.

"Ciao Sig. Ferrara," dice Mike, "Perché lei alimenta le balene assassine con uccelli?"

"Ciao Mike," risponde il Sig. Ferrara, "Cosa fate lí ragazzi?"

"Noi volevamo lavare il camion," risponde Giuseppe.

"Lo vedo," dice il Sig. Ferrara. Alcune persone cominciano a divertirsi con la situazione. Cominciano a ridere.

"Bene, adesso chiamo il servizio di soccorso. Loro vi tireranno fuori dall'acqua. Ed io voglio vedervi nel mio ufficio domani," gli dice il direttore dell'università e chiama il servizio di soccorso.

Two men take a box with the birds, bring it to the water and open it. The birds go out of the box and then jump in the water and swim. The photographers take pictures. The journalists ask workers of the rehabilitation centre about the animals.

Suddenly a big killer whale comes up, quickly swallows those two birds and goes down again. All the people look at the place where the birds were before. The head of the college does not believe his eyes. The killer whale comes up again looking for more birds. As there are no other birds there, it goes down again. Mr. Ferrara must finish his speech now.

"Ah...," he chooses suitable words, "The wonderful constant flow of life never stops. Bigger animals eat smaller animals and so on... ah... what is that?" he says looking at the water. All the people look there and see a big truck floating along the shore pitching on the waves like a ship. Two guys sit on it looking at the place of the ceremony.

"Hello Mr. Ferrara," Mike says, "Why do you feed killer whales with birds?"

"Hello Mike," Mr. Ferrara answers, "What do you do there boys?"

"We wanted to wash the truck," Giuseppe answers.

"I see," Mr. Ferrara says. Some of the people begin to enjoy this situation. They begin to laugh.

"Well, I will call the rescue service now. They will get you out of the water. And I want to see you in my office tomorrow," the head of the college says and calls the rescue service.

21

Una lezione
A lesson

A

Parole, vocaboli

1. altro - else
2. ancora - still
3. attenzione - attention
4. aula - class
5. bambini - children
6. brocca - jar
7. cosa - thing
8. esame, prova - test
9. felicitá - happiness
10. fra - between
11. genitori - parents
12. il quale, di cui - which

13. importante - important
14. invece - instead
15. leggermente - slightly
16. medico - medical
17. meno - less
18. perdere - to loose
19. piccolo - small
20. potrei - would (conditional); Io potrei leggerlo se... - I would read if...
21. prendersi cura di - to care
22. queste cose - this stuff
23. ragazza, fidanzata - girlfriend
24. ragazzo, fidanzato - boyfriend
25. realmente, veramente - really
26. rimanere - to remain
27. roccia/pietra - stone
28. sabbia - sand
29. salute - health
30. sempre - always
31. senza - without
32. spendere - to spend
33. televisione - television
34. versare - to pour
35. vuoto - empty

B

Il direttore dell'universitá é di fronte alla classe. Ci sono alcune scatole ed altre cose sul tavolo davanti a lui. Quando comincia la lezione lui prende un grande vaso vuoto e senza dire una parola lo riempie di grandi pietre.

"Voi pensate che il vaso é giá pieno?" domanda il Sig. Ferrara agli studenti.

"Si lo é," dicono tutti gli studenti.

Allora lui prende una scatola con pietre molto piccole e le versa nel vaso. Muove un pó il vaso. Le pietre piccole, logicamente, riempiono lo spazio fra le pietre grandi.

"Cosa pensate adesso? Il vaso é giá pieno, non é vero?" gli domanda nuovamente il Sig. Ferrara.

"Si lo é. Adesso é pieno," tutti gli studenti sono d'accordo un'altra volta. Loro cominciano a

The head of the college stands before the class. There are some boxes and other things on the table before him. When the lesson begins he takes a big empty jar and without a word fills it up with big stones.

"Do you think the jar is already full?" Mr. Ferrara asks students.

"Yes, it is," agree students.

Then he takes a box with very small stones and pours them into the jar. He shakes the jar slightly. The little stones, of course, fill up the room between the big stones.

"What do you think now? The jar is already full, isn't it?" Mr. Ferrara asks them again.

"Yes, it is. It is full now," the students agree again. They begin to enjoy this

divertirsi con la lezione e cominciano a ridere.

Allora il Sig. Ferrara prende una scatola di sabbia e la versa nel vaso. Logicamente, la sabbia riempie tutti gli altri spazi vuoti.

"Adesso voglio che pensate che questo vaso é come una vita umana. Le pietre grandi sono le cose importanti, la vostra famiglia, la ragazza o ragazzo, la vostra salute, i figli, i genitori. Se voi perdete tutto e rimangono solo queste cose la vostra vita sará ancora piena. Le piccole pietre sono le altre cose che sono meno importanti. Sono le cose come la casa, il lavoro, la macchina. La sabbia rappresenta tutto il resto, le cose piccole. Se metti prima la sabbia nel vaso, non ci sará spazio per le pietre piccole o le grandi. Lo stesso sucede nella vita. Se voi passate tutto il tempo ad usare l'energia nelle piccole cose avrete mai spazio per le cose che sono importanti per voi. Fate attenzione alle cose piú importanti per la vostra felicitá. Giocate con i vostri figli o genitori. Trovate tempo per farvi i controlli medici. Portate il vostro ragazzo o ragazza al caffé. Ci sará sempre tempo per andare a lavorare, pulire la casa e vedere la televisione," dice il Sig. Ferrara, "Prendetevi cura delle pietre grandi prima, le cose che sono veramente importanti. Tutto il resto é solo sabbia," lui guarda gli studenti, "Adesso, Mike e Giuseppe, cos'é piú importante per voi: lavare un camion o le vostre vite? Voi avete galleggiato in un camion nel mare pieno di orche come se fosse una barca solo perché voi volevate lavare il camion. Credete che non c'é un'altro modo di lavarlo?"

"No, non la pensiamo cosí," dice Giuseppe.

"Invece, voi potete lavare un camion in un autolavaggio, o no?" dice il Sig. Ferrara.

"Si, possiamo farlo," dicono gli studenti.

"Ovvio che dovete sempre pensare prima di fare qualcosa. Dovete fare sempre attenzione

lesson. They begin to laugh.

Then Mr. Ferrara takes a box of sand and pours it into the jar. Of course, the sand fills up all the other room.

"Now I want that you think about this jar like a man's life. The big stones are important things - your family, your girlfriend and boyfriend, your health, your children, your parents - things that if you loose everything and only they remain, your life still will be full. Little stones are other things which are less important. They are things like your house, your job, your car. Sand is everything else - small stuff. If you put sand in the jar at first, there will be no room for little or big stones. The same goes for life. If you spend all of your time and energy on the small stuff, you will never have room for things that are important to you. Pay attention to things that are most important to your happiness. Play with your children or parents. Take time to get medical tests. Take your girlfriend or boyfriend to a café. There will be always time to go to work, clean the house and watch television," Mr. Ferrara says, "Take care of the big stones first - things that are really important. Everything else is just sand," he looks at the students, "Now Mike and Giuseppe, what is more important to you - washing a truck or your lives? You float on a truck in the sea full of killer whales like on a ship just because you wanted to wash the truck. Do you think there is no other way to wash it?"

"No, we do not think so," Giuseppe says.

"You can wash a truck in a washing station instead, can't you?" says Mr. Ferrara.

"Yes, we can," say the students.

alle pietre grandi, non è vero?"

"Si, é vero," rispondono gli studenti.

"You must always think before you do something. You must always take care of the big stones, right?"

"Yes, we must," answer the students.

22

Pierre lavora in una casa editrice

Pierre works at a publishing house

A

Parole, vocaboli

1. abilitá, conoscenze - skill
2. all'aria aperta - outdoors
3. almeno - at least
4. bip - beep
5. camminando - walking
6. chiamare, telefonare - to call
7. ciao - hi
8. cliente - customer
9. comporre - to compose
10. composizione, tema, articolo - composition
11. coordinazione - co-ordination
12. creativo - creative
13. di fronte - in front
14. differente, diverso - different
15. difficile - difficult

16. ditta, azienda, firma - company
17. divertente - funny
18. dormendo - sleeping
19. durante - during
20. ecc - etc.
21. freddo (agg) - cold (adj); freddezza - coldness
22. futuro - future
23. giocando - playing
24. giornale - newspaper
25. Il piú spesso possibile - as often as possible
26. incidere - to record
27. mondo - world
28. naso - nose
29. nessuno - nobody
30. niente - nothing
31. ottenere - to get
32. parlare, chiaccherare - to talk
33. pensiero, pensato - thought
34. pioggia - rain
35. possibile - possible
36. produrre, fabbricare - to produce
37. professione - profession
38. pronto - ready
39. regola - rule
40. rifiutare - to refuse
41. rivista - magazine
42. scale - stairs
43. scuro, oscurità - dark
44. segreteria telefonica - answering machine
45. significare - to mean
46. specialmente - especially
47. storia - story
48. sviluppare - to develop
49. testo - text
50. trenta - thirty
51. triste - sad
52. umano, essere umano, persona - human; umano (agg) - human (adj)
53. vendere - to sell
54. visto che, come - since, as

B

Pierre lavora come giovane aiutante nella casa editrice All-round. Lui lavora in redazione.

"Pierre, il nome della nostra ditta é All-round," gli dice il capoditta il Sig. Pieri, "E questo vuol dire che noi facciamo qualsiasi tipo di testo e lavoro di grafica per qualsiasi

Pierre works as a young helper at the publishing house All-round. He does writing work.

"Pierre, our firm's name is All-round," the head of the firm Mr. Pieri says, "And this means we can do any text composition and design work for any customer. We get

cliente. Noi riceviamo molte richieste di lavoro da giornali, riviste ed altri clienti. Tutti le richieste sono diverse ma mai neghiamo nessuna."

A Pierre piace molto il suo lavoro perché lui puó sviluppare le sue abilitá creative. Lui gode del lavoro creativo come le redazioni scritte e la grafica. Siccome lui studia design all'universitá questo é un lavoro adatto per la sua futura professione.

Il Sig. Pieri oggi ha alcuni nuovi compiti per lui.

"Abbiamo alcune richieste. Tu puoi farne due," dice il Sig. Pieri, "La prima richiesta é di una ditta telefonica. Loro fabbricano telefoni con la segreteria telefonica. Hanno bisogno di alcuni testi divertenti per le segreterie. Niente si vende meglio delle cose divertenti. Redatta quattro o cinque testi, per favore."

"Quanto devono essere lunghi?" domanda Pierre.

"Possono essere da cinque a trenta parole," risponde il Sig. Pieri, "E la seconda richiesta é della rivista "Mondo Verde". Questa rivista scrive su animali, uccelli, pesci, ecc. Hanno bisogno di un testo su qualsiasi animale domestico. Puó essere divertente o triste, o solo una storia sul tuo animale. Hai un animale?"

"Si, ne ho uno. Ho un gatto. Il suo nome é Preferito," dice Pierre, "E penso che posso scrivere una storia sui suoi scherzi. Quando deve essere pronto?"

"Queste due richieste devono essere pronte domani," risponde il Sig. Pieri.

"D'accordo. Posso cominciare adesso?" domanda Pierre.

"Si, Pierre," dice il Sig. Pieri.

Pierre porta alcuni testi il giorno dopo. Ha

many orders from newspapers, magazines and from other customers. All of the orders are different but we never refuse any."

Pierre likes this job a lot because he can develop creative skills. He enjoys creative works like writing compositions and design. Since he studies design at college it is a very suitable job for his future profession.

Mr. Pieri has some new tasks for him today.

"We have some orders. You can do two of them," Mr. Pieri says, "The first order is from a telephone company. They produce telephones with answering machines. They need some funny texts for answering machines. Nothing sells better than funny things. Compose four or five texts, please."

"How long must they be?" Pierre asks.

"They can be from five to thirty words," Mr. Pieri answers, "And the second order is from the magazine "Green world". This magazine writes about animals, birds, fish etc. They need a text about any home animal. It can be funny or sad, or just a story about your own animal. Do you have an animal?"

"Yes, I do. I have a cat. Its name is Favorite," Pierre answers, "And I think I can write a story about its tricks. When must it be ready?"

"These two orders must be ready by tomorrow," Mr. Pierre answers.

"Okay. May I begin now?" Pierre asks.

"Yes, Pierre," Mr. Pieri says.

Pierre brings those texts the next day. He has five texts for the answering machines.

cinque testi per le segreterie. Il Sig. Pieri li legge:

1. "Ciao. Adesso dí qualcosa."

2. "Ciao. Sono una segreteria. E tu chi sei?"

3. "Ciao. Non c'é nessuno a casa adesso ma la mia segreteria c'é. Quindi puoi parlare con lei invece che con me. Aspetta il bip."

4. "Questa non é una segreteria. É una segreteria pensante. Dopo il bip, pensa il tuo nome, il motivo della telefonata e il numero al quale posso telefonarti. E penseró a telefonarti."

5. "Parla dopo il bip ! Hai il diritto di rimanere in silenzio. Registreró ed useró contro di te tutto quello che dici."

"Non é male. E cos'hai scritto sugli animali?" domanda il Sig. Pieri. Pierre gli da un'altro foglio. Il Sig. Pieri lo legge:

Alcune regole per i gatti

Quando cammini:

Spesso fallo svelto e il piú vicino possibile ad un essere umano, specialmente: nelle scale, quando hanno qualcosa in mano, all'oscurità e quando si alzano presto al mattino. Questo allenerá la loro coordinazione.

A letto:

la notte dormi sempre sopra un essere umano. Cosí lui o lei non potranno muoversi nel letto. Cerca di metterti sopra il loro viso. Assicurati che la tua coda sia proprio sopra il loro naso.

Dormire:

per avere molta energia per il gioco, un gatto deve dormire molto (al meno 16 ore al giorno). Non é difficile trovare un posto adeguato per dormire. É bene dormire in qualche posto dove a qualche umano piace sedersi. Ci sono anche molti posti all'aria

Mr. Pieri reads them:

1. "Hi. Now you say something."

2. "Hello. I am an answering machine. And what are you?"

3. "Hi. Nobody is at home now but my answering machine is. So you can talk to it instead of me. Wait for the beep."

4. "This is not an answering machine. This is a thought-recording machine. After the beep, think about your name, your reason for calling and a number which I can call you back. And I will think about calling you back."

5. "Speak after the beep! You have the right to be silent. I will record and use everything you say."

"It is not bad. And what about animals?" Mr. Pieri asks. Pierre gives him another sheet of paper. Mr. Pieri reads:

Some rules for cats

Walking:

As often as possible, run quickly and as close as possible in front of a human, especially: on stairs, when they have something on their hands, in the dark, and when they get up in the morning. This will train their co-ordination.

In bed:

Always sleep on a human at night. So he or she cannot turn in the bed. Try to lie on his or her face. Make sure that your tail is right on their nose.

Sleeping:

To have a lot of energy for playing, a cat must sleep a lot (at least 16 hours per day). It is not difficult to find a suitable place to sleep. Any place where a human likes to sit is good. There are good places outdoors

aperta. .Ma non puoi usarli quando piove o quando fa freddo. Invece puoi usare finestre aperte.

Il Sig. Pieri ride.

"Buon lavoro Pierre! Penso che alla rivista "Mondo Verde" gli piacerá il tuo articolo," dice lui.

too. But you cannot use them when it rains or when it is cold. You can use open windows instead.

Mr. Pieri laughs.

"Good work, Pierre! I think the magazine "Green world" will like your composition," he says.

23

Regole per gatti

Cat rules

A

Parole, vocaboli

1. amore - love; amare - to love
2. baciare - to kiss
3. bambino - child
4. buono, gustoso - tasty
5. compito - homework
6. cucinando - cooking
7. dietro - behind
8. dimenticare - to forget
9. divertimento - fun
10. fingere, apparentare - to pretend
11. gamba - leg
12. gestire, riuscire - manage

13. invitato/invitata - guest
14. leggendo - reading
15. mistero - mystery
16. mordere - to bite
17. moscerino, zanzara - mosquito
18. nascondere - to hide; nascondino - hide-n-seek
19. ottenere - to get
20. passo - step; dare passi - to step
21. pasto - meal
22. pensando - thinking
23. pianeta - planet
24. piatto - plate
25. pochi/poche - few
26. possibilitá, opportunitá - chance
27. qualche cosa - something
28. qualche volta, ogni tanto - sometimes
29. rubare - to steal
30. scappó/fuggí - ran away
31. scuola - school
32. sebbene - although
33. segreto - secret
34. sentire panico - to panic
35. stagione - season
36. strofinare - to rub
37. tastiera - keyboard
38. tempo - weather
39. totale - total
40. WC - toilet

 B

"La rivista "Mondo Verde" ordina una nuova richiesta," il Sig. Pieri dice a Pierre il giorno seguente, "Questa richiesta é per te, Pierre. A loro é piaciuto il tuo racconto e vogliono un testo piú grande su "Regole per Gatti".

Pierre impiega due giorni per scrivere questo testo. Eccolo qui.

Alcune regole segrete per i gatti

Sebbene i gatti sono i migliori e gli animali piú meravigliosi di questo pianeta, alcune volte fanno cose molto strane. Una persona è riuscita a rubare alcuni dei segreti dei gatti. Queste sono regole di vita per dominare il mondo! Ma come queste regole aiutano gatti sono ancora un mistero totale per gli umani.

"The magazine "Green world" places a new order," Mr. Pieri says to Pierre next day, "And this order is for you, Pierre. They like your composition and they want a bigger text about "Cat rules".

It takes Pierre two days to compose this text. Here it is.

Some secret rules for cats

Although cats are the best and the most wonderful animals on this planet, they sometimes do very strange things. One of the humans managed to steal some cat secrets. They are some rules of life in order to take over the world! But how these rules will help cats is still a total mystery to the humans.

Bagni:

Vai sempre con gli invitati al bagno ed al WC. Tu non hai bisogno di fare niente. Solo siediti, guarda e ogni tanto strofinati contro le-loro gambe.

Porte:

Tutte le porte devono essere aperte. Per tenere le porte aperte rimani fermo guardando con tristezza gli umani. Quando loro aprono la porta, non c'é bisogno di uscire. Dopo che sei riuscito ad aprire la porta della strada in questo modo, fermati nella porta e pensa qualcosa. Questo é particolarmente importante quando il tempo é molto freddo, o quando é una giornata piovosa, o quando é la stagione delle zanzare.

Cucinando:

Siediti sempre proprio dietro il piede destro dell'umano che sta cucinando. Cosí lui non potrá vederti e hai piú possibilitá che ti pesti. Quando questo succede, loro ti prendono in braccio e ti danno qualcosa di buono da mangiare.

Leggendo libri:

Cerca di avvicinarti al viso dell'umano che legge. fra i suoi occhi e il libro. La cosa migliore é allungarsi sul libro.

Compiti dei bambini:

Allungati sui libri e quaderni e fai finta di dormire. Ma ogni tanto salta sulla penna. Mordi se il bambino cerca di mandarti via dal tavolo.

Computer:

Se un umano lavora con un computer, salta sul tavolo e cammina sulla tastiera.

Mangiare:

I gatti hanno bisogno di mangiare molto. Ma mangiare é solo la metá del divertimento.

Bathrooms:

Always go with guests to the bathroom and to the toilet. You do not need to do anything. Just sit, look and sometimes rub their legs.

Doors:

All doors must be open. To get a door opened, stand looking sad at humans. When they open a door, you need not go through it. After you open in this way the outside door, stand in the door and think about something. This is especially important when the weather is very cold, or when it is a rainy day, or when it is the mosquito season.

Cooking:

Always sit just behind the right foot of cooking humans. So they cannot see you and you have a better chance that a human steps on you. When it happens, they take you in their hands and give something tasty to eat.

Reading books:

Try to get closer to the face of a reading human, between eyes and the book. The best is to lie on the book.

Children's school homework:

Lie on books and copy-books and pretend to sleep. But from time to time jump on the pen. Bite if a child tries to take you away from the table.

Computer:

If a human works with a computer, jump up on the desk and walk over the keyboard.

Food:

Cats need to eat a lot. But eating is only half of the fun. The other half is getting the

L'altra metá é ottenere il cibo. Quando l'umano mangia, metti la coda nel suo piatto quando lui non sta guardando. Ti dará una migliore opportunitá di ottenere un piatto completo di cibo. Non mangiare mai dal tuo piatto se puoi prendere qualcosa dal tavolo. Non bere mai dalla tua ciotola d'acqua se puoi bere dal bicchiere di un umano.

Nascondersi:

Nascoditi in posti dove gli umani non possono trovarti per alcuni giorni. Questo li fará sentire del panico (che a loro piace molto) pensando che sei fuggito. Quando ritorni dal nascondiglio, gli umani ti baceranno e ti dimostreranno il loro amore. E forse ti daranno da mangiare qualcosa buono.

Umani:

Il lavoro degli umani é alimentarci, giocare con noi e pulire la nostra cassetta. É importante che non dimentichino chi é il padrone della casa.

food. When humans eat, put your tail in their plate when they do not look. It will give you a better chance to get a full plate of food. Never eat from your own plate if you can take some food from the table. Never drink from your own water plate if you can drink from a human's cup.

Hiding:

Hide in places where humans cannot find you for a few days. This will make humans panic (which they love) thinking that you ran away. When you come out of the hiding place, the humans will kiss you and show their love. And you may get something tasty.

Humans:

Tasks of humans are to feed us, to play with us, and to clean our box. It is important that they do not forget who the head of the house is.

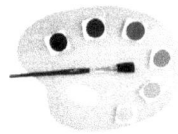

24

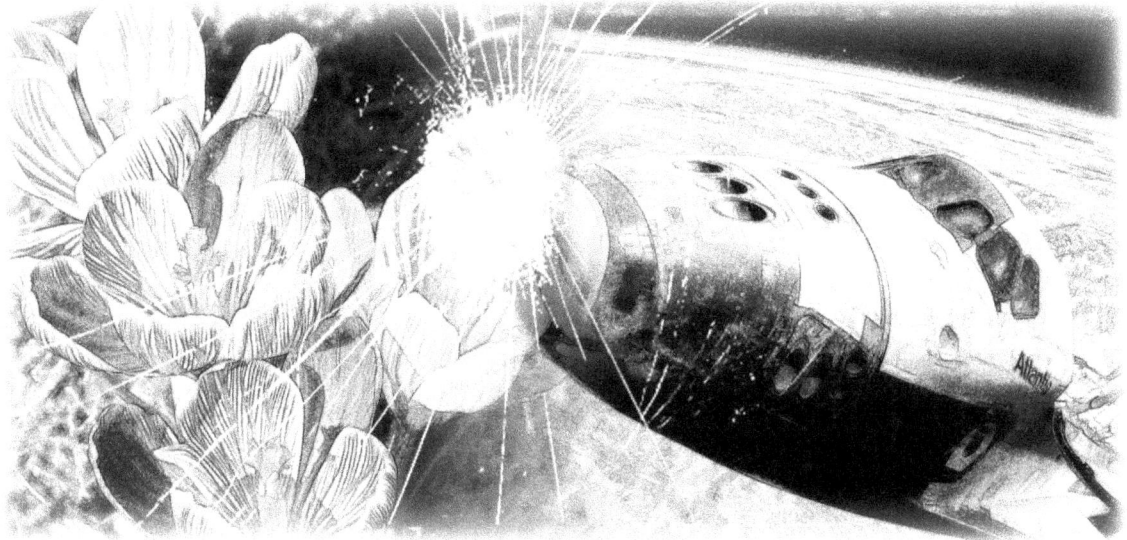

Gruppo di lavoro

Team work

 A

Parole, vocaboli

1. accendere - switched on
2. agitó - shook
3. amato - loved
4. ammazzato - killed
5. ballare - to dance; bailado - danced; ballando - dancing
6. bello/bella - beautiful
7. cadere - to fall, caduto - fell
8. capitano - captain
9. centrale - central
10. collega - colleague
11. cominció - began
12. continuare - to continue; continuato - continued
13. contro - against
14. corto/corta - short
15. detto - said
16. distruggere - destroy

17. extraterrestre - alien
18. fermó - stopped
19. finito - finished
20. fino - until
21. fiore - flower
22. giardino - garden
23. girando - turning
24. guardato - looked
25. guerra - war
26. ho avuto - had
27. informato - informed
28. insegnare - to teach
29. laser - laser
30. lavorando - working
31. mille milioni - billion
32. mille, mila - thousand
33. morire - to die, morí - died
34. mosso, commosso - moved
35. nave spaziale - spaceship
36. prendere parte - to take part
37. presto - soon
38. radar - radar
39. radio - radio
40. ricordato - remembered
41. segnalato - pointed
42. sentito - heard
43. seppi, conobbi - knew
44. seriale - serial
45. sorrise - smiled
46. spazio - space
47. televisore - TV-set
48. Terra - Earth
49. uno o l'altro - either
50. uscí - went away
51. uscí correndo - flew away
52. venne - came

B

Giuseppe vuole essere giornalista. Lui studia all'universitá. Oggi ha una lezione di composizione. Il Sig. Ferrara gli insegna come scrivere un tema.

"Stimati amici," dice lui, "molti di voi lavoreranno in una casa editrice, giornali o riviste, la radio o la televisione. Questo significa che lavorerete in gruppo. Lavorare in gruppo non é facile. Adesso voglio che voi cercate di scrivere un articolo giornalistico in gruppo. Ho bisogno di un ragazzo e una ragazza.

Giuseppe wants to be a journalist. He studies at a college. He has a composition lesson today. Mr. Ferrara teaches students to write composition.

"Dear friends," he says, "some of you will work for publishing houses, newspapers or magazines, the radio or television. This means you will work in a team. Working in a team is not simple. Now I want that you try to make a journalistic composition in a team. I need a boy and a girl."

Many students want to take part in the

Molti degli studenti vogliono essere nel gruppo di lavoro. Il Sig. Ferrara sceglie Giuseppe e Carol. Carol viene dagli Stati Uniti ma parla molto bene l'italiano.

"Per favore, sedetevi a questo tavolo. Adesso voi siete colleghi," gli dice il Sig. Ferrara, "voi scriverete un'articolo corto. Uno dei due incomincerá l'articolo e lo lo dará al suo collega. Il suo collega lo leggerá e continuerá a scriverlo. Allora il suo collega glielo ridará ed il primo lo leggerá e lo continuerá. E cosí via finché finisce il tempo. Vi do venti minuti."

Il Sig. Ferrara da dei fogli e Carol comincia. Lei pensa un pó e dopo scrive.

team work. Mr. Ferrara chooses Giuseppe and Carol. Carol is from the USA but she can speak Italian very well.

"Please, sit at this table. Now you are colleagues," Mr. Ferrara says to them, "You will write a short composition. Either of you will begin the composition and then give it to your colleague. Your colleague will read the composition and continue it. Then your colleague will give it back and the first one will read and continue it. And so on until your time is over. I give you twenty minutes."

Mr. Ferrara gives them paper and Carol begins. She thinks a little and then writes.

Articolo di gruppo

Carol: Giulia guardó attraverso la finestra. I fiori nel suo giardino si muovevano col il vento come se stessero ballando. Ricordó quel pomeriggio quando balló con Billy. Fu un anno fa ma lei ricordava tutto - i suoi occhi azzurri, il suo sorriso e la sua voce. Fu un'epoca felice per lei ma adesso é finita. Perché lui non é con lei?

Giuseppe: In quel momento il capitano dello spazio Billy Brisk era sulla una nave spaziale Stella Bianca. Lui aveva un compito importante e non aveva tempo di pensare a quella ragazza sciocca con cui aveva ballato un anno fa. Rapidamente puntó i laser della nave spaziale Stella Bianca verso gli extraterrestri. Allora accese la radio e parló con gli extraterrestri. "Vi daró un'ora per arrendervi. Se in un'ora non lo fate vi distruggeró." Ma prima che lui finisse, un laser extraterrestre colpi' il motore sinistro della Stella Bianca. Il laser di Billy cominció a sparare sulle navi extraterrestri ed allo stesso tempo accese il motore centrale ed il motore destro della nave. Il laser extraterrestre distrusse il motore destro in funzione e la Stella Bianca si scosse

Team composition

Carol: Giulia looked through the window. The flowers in her garden moved in the wind as if dancing. She remembered that evening when she danced with Billy. It was a year ago but she remembered everything - his blue eyes, his smile and his voice. It was a happy time for her but it was over now. Why was not he with her?

Giuseppe: At this moment space captain Billy Brisk was at the spaceship White Star. He had an important task and he did not have time to think about that silly girl who he danced with a year ago. He quickly pointed the lasers of White Star at alien spaceships. Then he switched on the radio and talked to the aliens: "I give you an hour to give up. If in one hour you do not give up I will destroy you." But before he finished an alien laser hit the left engine of the White Star. Billy's laser began to hit alien spaceships and at the same time he switched on the central and the right engines. The alien laser destroyed the working right engine and the White Star shook badly. Billy fell on the floor thinking during the fall which of the alien

fortemente. Billy cadde per terra pensando durante la sua caduta quale nave extraterrestre doveva distruggere prima.

Carol: Ma lui batte la testa contro il suolo di metallo e muore in quel momento. Ma prima di morire ricordó la povera e bella ragazza che lo amó e gli dispiacque molto di averla lasciata. In poco tempo la gente finí questa guerra assurda con i poveri extraterrestri. Distrussero tutte le loro navi spaziali e laser e informarono agli extraterrestri che la gente non avrebbe mai cominciato una guerra contro di loro un'altra volta. La gente disse che voleva essere amica degli extraterrestri. Giulia era molto contenta quando ascoltó questo. Allora accese la televisione e continuó a vedere un meraviglioso programma messicano.

Giuseppe: Visto che la popolazione distrusse i propri radar e laser, nessuno seppe che le navi degli extraterrestri erano molto vicine alla Terra. Migliaia di laser extraterrestri colpirono la Terra e uccisero la povera e sciocca Giulia e cinque mila milioni di persone in un secondo. La Terra fu distrutta ed il resto delle parti volarono lontano nello spazio.

"Vedo che voi avete finito prima che finisse il vostro tempo," sorrise il Sig. Ferrara, "Bene la classe é finita. Leggeremo e commenteremo su questa storia di gruppo durante la prossima classe."

spaceships he must destroy first.

Carol: But he hit his head on the metal floor and died at the same moment. But before he died he remembered the poor beautiful girl who loved him and he was very sorry that he went away from her. Soon people stopped this silly war on poor aliens. They destroyed all of their own spaceships and lasers and informed the aliens that people would never start a war against them again. People said that they wanted to be friends with the aliens. Giulia was very glad when she heard about it. Then she switched on the TV-set and continued to watch a wonderful Mexican serial.

Giuseppe: Because people destroyed their own radars and lasers, nobody knew that spaceships of aliens came very close to the Earth. Thousands of aliens' lasers hit the Earth and killed poor silly Giulia and five billion people in a second. The Earth was destroyed and its turning parts flew away in space.

"I see you came to the finish before your time is over," Mr. Ferrara smiled, "Well, the lesson is over. Let us read and speak about this team composition during the next lesson."

25

Mike e Giuseppe stanno cercando un nuovo lavoro

Mike and Giuseppe are looking for a new job

A

Parole, vocaboli

1. a voce alta - aloud
2. abilitá/virtú/qualitá - gift
3. animale domestico - pet
4. arte - art
5. artista - artist
6. astuto, furbo - sly
7. avviso/annuncio - ad
8. consulenza - consultancy
9. contadino - farmer
10. cucciolo - puppy

11. dottore - doctor
12. etá - age
13. gattino - kitten
14. idea - idea
15. incontrato - found
16. ingegnere - engineer
17. intanto - while
18. leader - leader
19. mangiare - food
20. metodo - method
21. monotono - monotonous
22. natura - nature
23. personale - personal
24. programmatore - programmer
25. questionario - questionnaire
26. raccomandare, consigliare - to recommend; raccomandazione, consiglio - recommendation
27. scrittore - writer
28. servire - to serve
29. sogna - dream; sognare - to dream
30. spaniel - spaniel
31. sporco/sporca - dirty
32. stimare, valutare - to estimate
33. tedesco - German
34. titolare - rubric
35. topo - rat
36. traduttore - translator
37. veterinario - vet
38. viaggiare - to travel
39. vicino - neighbour

 **B**

Mike e Giuseppe sono a casa di Giuseppe. Giuseppe sta pulendo il tavolo dopo la colazione e Mike sta leggendo gli annunci di lavoro in un giornale. Sta leggendo la sezione "Animali". La sorella di Giuseppe, Maria é anche lei nella stanza. Lei sta cercando di prendere il gatto che si é nascosto sotto il letto.

"Ci sono molti animali domestici gratis sul giornale. Credo che sceglieró un gatto o un cane. Giuseppe, che pensi tu?" gli domanda Mike a Giuseppe.

"Maria, non dare fastidio al gatto!" dice Giuseppe arrabbiato (con rabbia), "Bene Mike, non é una cattiva idea. Il tuo animale ti aspetterá sempre a casa e sará molto

Mike and Giuseppe are at Giuseppe's home. Giuseppe is cleaning the table after breakfast and Mike is reading adverts and ads in a newspaper. He is reading the rubric "Animals". Giuseppe's sister Mary is in the room too. She is trying to catch the cat hiding under the bed.

"There are so many pets for free in the newspaper. I think I will choose a cat or a dog. Giuseppe, what do you think?" Mike asks Giuseppe.

"Mary, do not bother the cat!" Giuseppe says angrily, "Well Mike, it is not a bad idea. Your pet will always wait for you at home and will be so happy when you come back

contento quando torni a casa e gli darai qualcosa da mangiare. E non dimenticarti che devi uscire a passeggiare con il tuo animale la mattina e il pomeriggio o pulire la sua cassetta. Alcune volte dovrai pulire per terra o portare il tuo animale dal veterinario. Quindi pensaci bene prima di comprare un animale."

"Bene, ci sono alcuni annunci qui. Ascolta," dice Mike e comincia a leggere ad alta voce:

"Ho trovato un cane bianco sporco, sembra un topo. Potrá vivere fuori casa per molto tempo. Lo daró in adozione a cambio di soldi."

Qui ce n'é un'altro:

"Pastore tedesco, parla tedesco. Si da in adozione gratis. E anche i cuccioli sono gratis, metá spaniel e metá del cane astuto del vicino,"

Mike guarda a Giuseppe, "Come puó un cane parlare tedesco?"

"Un cane puó capire tedesco. Tu capisci il tedesco?" gli domanda Giuseppe sorridendo.

"Io non capisco il tedesco. Senti, qui c'é un altro annuncio:

"Si danno gatti di fattoria gratis in adozione. Pronti per cominciare a mangiare. Mangeranno qualsiasi cosa,"

Mike gira il giornale, "Bene, penso che gli animali possano aspettare. Meglio che cerco un lavoro," trova la sezione di lavoro e legge a voce alta,

"Lei sta cercando un lavoro che sia adeguato al suo profilo? La consulenza di lavoro "Personale Adeguato" puó aiutarla. I nostri consulenti valuteranno le sue abilitá personali e le consiglieranno il mestiere piú adeguato per lei."

Mike alza lo sguardo e dice: "Giuseppe, cosa

home and give some food. And do not forget that you will have to walk with your pet in mornings and evenings or clean its box. Sometimes you will have to clean the floor or take your pet to a vet. So think carefully before you get an animal."

"Well, there are some ads here. Listen," Mike says and begins to read aloud:

"Found dirty white dog, looks like a rat. It may live outside for a long time. I will give it away for money."

Here is one more:

"German dog, speaks German. Give away for free. And free puppies half spaniel half sly neighbor's dog,"

Mike looks at Giuseppe "How can a dog speak German?"

"A dog may understand German. Can you understand German?" Giuseppe asks smiling.

"I cannot understand German. Listen, here is one more ad:

"Give away free farm kittens. Ready to eat. They will eat anything,"

Mike turns the newspaper, "Well, I think pets can wait. I will better look for a job," he finds the rubric about jobs and reads aloud,

"Are you looking for a suitable job? The job consultancy "Suitable personnel" can help you. Our consultants will estimate your personal gifts and will give you a recommendation about the most suitable profession."

Mike looks up and says: "Giuseppe what do

ne pensi?"

"Il miglior lavoro per te é lavare un camion nel mare e lasciarlo galleggiare," dice Maria e subito corre fuori dalla camera.

"Non é una cattiva idea. Andiamo adesso," risponde Giuseppe e mette con attenzione il gatto lontano dalla teiera, dove Maria l'aveva messo un minuto prima.

Mike e Giuseppe arrivano all'ufficio di consulenza di lavoro "Personale Adeguato" con loro biciclette. Non c'é coda, quindi loro entrano. Ci sono due donne qui. Una di loro sta parlando al telefono. L'altra sta scrivendo qualcosa. Gli dice a Mike e Giuseppe di sedersi. Il suo nome é Sig.ra Molinari. Lei gli domanda il loro nome e la loro etá.

"Bene, lasciate che io vi spieghi il metodo che noi usiamo. Guardate, ci sono cinque tipi di professioni o mestieri.

1. Il primo tipo di professione é uomo-natura. Professioni: contadino, impiegato in un zoo, ecc.
2. Il secondo tipo sono professioni uomo-macchina. Professioni: pilota, tassista, camionista, ecc.
3. Il terzo tipo sono professioni uomo-uomo: dottore, maestro, giornalista ecc.
4. Il quarto tipo sono professioni uomo-computer: traduttore, ingegnere, programmatore ecc.
5. Il quinto tipo sono le professioni uomo-arte: scrittore, artista, cantante ecc.

Noi raccomandiamo la professione piú adeguata solo quando lo conosciamo. Prima studiamo le sue abilitá personali. Dobbiamo sapere cosa le piace e cosa non le piace. Dopo sapremo che tipo di mestiere o professione é la piú adeguata per lei. Per favore, adesso riempite il questionario," dice la Sig.ra.

you think?"

"The best job for you is washing a truck in the sea and let it float," Mary says and quickly runs out of the room.

"It is not a bad idea. Let's go now," Giuseppe answers and takes carefully the cat out of the kettle, where Mary put the animal a minute ago.

Mike and Giuseppe arrive to the job consultancy "Suitable personnel" by their bikes. There is no queue, so they go inside. There are two women there. One of them is speaking on the telephone. Another woman is writing something. She asks Mike and Giuseppe to take seats. Her name is Mrs. Molinari. She asks them their names and their age.

"Well, let me explain the method which we use. Look, there are five kinds of professions.

1. The first kind is man - nature. Professions: farmer, zoo worker etc.

2. The second kind is man - machine. Professions: pilot, taxi driver, truck driver etc.

3. The third kind is man - man. Professions: doctor, teacher, journalist etc.

4. The fourth kind is man - computer. Professions: translator, engineer, programmer etc.

5. The fifth kind is man - art. Professions: writer, artist, singer etc.

We give recommendations about a suitable profession only when we learn about you more. First let me estimate your personal gifts. I must know what you like and what you dislike. Then we will know which kind of profession is the most suitable for you. Please, fill up the questionnaire now," Mrs.

		Molinari e gli da i questionari. Giuseppe e Mike li riempiono.	Molinari says and gives them the questionnaires. Giuseppe and Mike fill up the questionnaires.	

Questionario

Nome: Giuseppe Perez

Questionnaire

Name: Giuseppe Perez

		Mi piace / I like	Non mi da fastidio / I do not mind	Lo odio / I hate
1.	Controllare apparecchi / Control machines		√	
2.	Parlare con persone / Speak with people	√		
3.	Attenzione al cliente / Serve customers		√	
4.	Guidare macchine, camion / Drive cars, trucks	√		
5.	Lavoro di ufficio / Work inside	√		
6.	Lavorare all'aperto / Work outside	√		
7.	Memorizzare / Remember a lot		√	
8.	Viaggiare / Travel	√		
9.	Calcolare, verificare / Estimate, check			√
10.	Lavorare sporco / Dirty work		√	
11.	Lavoro monotono / Monotonous work			√

		Mi piace / I like	Non mi da fastidio / I do not mind	Lo odio / I hate
12.	Lavoro duro / Hard work		√	
13.	Essere un leader / Be a leader		√	
14.	Lavorare in gruppo / Work in a team		√	
15.	Sognare mentre lavoro / Dream while working	√		
16.	Allenare / Train		√	
17.	Lavoro creativo / Do creative work	√		
18.	Lavorare con testi / Work with texts	√		

Questionario
Nome: Mike Rossi

Questionnaire
Name: Mike Rossi

		Mi piace / I like	Non mi da fastidio / I do not mind	Lo odio / I hate
1.	Controllare apparecchi / Control machines		√	
2.	Parlare con persone / Speak with people	√		
3.	Attenzione al cliente / Serve customers		√	
4.	Guidare macchine, camion / Drive cars, trucks		√	
5.	Lavoro di ufficio / Work inside	√		
6.	Lavorare all'aperto	√		

	Work outside				
7.	Memorizzare			√	
	Remember a lot				
8.	Viaggiare	√			
	Travel				
9.	Calcolare, verificare			√	
	Estimate, check				
10.	Lavorare sporco			√	
	Dirty work				
11.	Lavoro monotono				√
	Monotonous work				
12.	Lavoro duro			√	
	Hard work				
13.	Essere un leader				√
	Be a leader				
14.	Lavorare in gruppo	√			
	Work in a team				
15.	Sognare mentre lavora	√			
	Dream while working				
16.	Allenare			√	
	Train				
17.	Lavoro creativo	√			
	Do creative work				
18.	Lavorare con testi	√			
	Work with texts				

26

Chiedere un'impiego a "Notizie di Genova"
Applying to "Notizie di Genova"

 A

Parole, vocaboli

1. accompagnare - to accompany
2. arrivato - arrived
3. asterisco - asterisk
4. campagna - field
5. celibe, nubile - single
6. ciao - goodbye
7. criminale - criminal (adj); penale - criminal
8. dette, ha dato - gave
9. domandó - asked

10. editore - editor
11. educazione - education
12. femminile - female
13. finanze - finance
14. fluido - fluently
15. formulario, modulo - form
16. imparare su - learned about
17. in bianco, vuoto - blank, empty
18. informare - to report; reporter/giornalista - reporter
19. informazione - information
20. lavoró - worked
21. le diciassette (ore) - seventeen (hour)
22. magro - slim
23. mascolino - male
24. nazionalitá - nationality
25. pattuglia - patrol
26. polizia - police
27. potrei - could
28. prese - took
29. raccomandato - recommended
30. secondo nome - middle name
31. sesso - sex
32. settimana - week
33. signorina/Sig.na - miss
34. sollecitare, applicare - to apply
35. sottolineare - to underline
36. status/posizione - status; stato civile - family status
37. stimato - estimated
38. uscire - to leave
39. ventuno - twenty-one

 **B**

La Sig.ra. Molinari ha analizzato le risposte dei questionari di Mike e Giuseppe. Quando lei avrà appreso circa le loro abilitá potrá raccomandare la professione piú adeguata per loro. Lei disse che il terzo tipo di professione é la piú adeguata per loro. Potrebbero lavorare come dottori, maestri, giornalisti ecc. La Sig.ra. Molinari gli raccomandó di cercare un'impiego nel giornale "Notizie di Genova." Il giornale offre lavoro a mezza giornata per studenti che possono comporre sintesi poliziesche nella rubrica criminale. Cosí Mike e Giuseppe arrivarono al ufficio del personale del

Mrs. Molinari estimated Giuseppe's and Mike's answers in the questionnaires. When she learned about their personal gifts she could give them some recommendations about suitable professions. She said that the third profession kind is the most suitable for them. They could work as a doctor, a teacher or a journalist etc. Mrs. Molinari recommended them to apply for a job with the newspaper "Notizie di Genova". They gave a part time job to students who could compose police reports for the criminal rubric. So Mike and Giuseppe arrived at the personnel department of the newspaper

giornale per cercare quest'impiego.

"Noi siamo stati oggi presso la consulenza di lavoro "Personale Adeguato," disse Giuseppe alla Sig.ra. Minari, che era la direttrice del dipartimento del personale, "Ci hanno raccomandato di cercare lavoro nel suo giornale."

"Bene, avete giá lavorato come giornalisti?" domanda la Sig.ra Minari.

"No, noi no," risponde Giuseppe.

"Per favore, riempite questi formulari con la vostra informazione personale," disse la Sig.ra. Minari e dette a loro i due formulari. Mike e Giuseppe riempirono i formulari con la loro informazione personale.

"Notizie di Genova" and applied for this job.

"We have been to the job consultancy "Suitable personnel" today," Giuseppe said to Miss Minari, who was the head of the personnel department, "They have recommended us to apply to your newspaper."

"Well, have you worked as a reporter before?" Miss Minari asked.

"No, we have not," Giuseppe answered.

"Please, fill up these personal information forms," Miss Minari said and gave them two forms. Mike and Giuseppe filled up the personal information forms.

Formulario di Informazione Personale Deve riempire le caselle con un*. Puó lasciare le altre caselle vuote.	Personal information form You must fill up fields with asterisk *. You can leave other fields blank.
Nome* First name	Giuseppe Giuseppe
Secondo Nome Middle name	
Cognome* Last name	Perez Perez
Sesso* Sex	(sottolineare) <u>Maschile</u> Femminile (underline) <u>Male</u> Female
Etá* Age	Venti anni Twenty years old
Nazionalitá* Nationality	italiano Italian
Stato Civile	(sottolineare) <u>Celibe/Nubile</u> Sposato

Family status	(underline) <u>Single</u> Married
Indirizzo*	Via Regina N 11 Genova, Italia
Address	Via Regina 11, Genova, Italia
Studi realizzati	Studio terzo anno di Finanze all'Universitá
Education	I study finance in the third year at a college
Dove ha lavorato precedentemente?	Ho lavorato due mesi in una fattoria
Where have you worked before?	I worked for two months as a farm worker
Che esperienza ed abilitá possiede?*	Posso guidare una macchina o un camion e posso usare i computer.
What experience and skills have you had?	I can drive a car, a truck and I can use a computer
Lingue* 0 - no, 10 - fluido	italiano - 10, inglese - 8
Languages 0 - no, 10 - fluently	Italian - 10, English - 8
Patente per guidare*	(sottolineare) No <u>Si</u> Tipo: BC Posso guidare camion.
Driving license	(underline) No <u>Yes</u> Kind: BC, I can drive trucks
Impiego ricercato *	(sottolineare) A tempo pieno <u>Mezza Giornata</u>: 15 ore settimanali
You need a job	(underline) Full time <u>Part time</u>: 15 hours a week
Stipendio richiesto	15 euro l'ora
You want to earn	15 euro per hour

Formulario d'informazione personale	**Personal information form**
Deve riempire le caselle con un* Puó lasciare le altre caselle vuote.	You must fill up fields with asterisk *. You can leave other fields blank.
Nome* First name	Mike

Secondo Nome Middle name	
Cognome* Last name	Rossi Rossi
Sesso* Sex	(sottolineare) <u>Maschile</u> Femminile (underline) <u>Male</u> Female
Etá* Age	Ventuno Twenty-one years old
Nazionalitá* Nationality	Americano (Statunitense) American
Stato Civile Family status	(sottolineare) <u>Celibe/nubile</u> Sposato (underline) <u>Single</u> Married
Indirizzo* Address	Stanza 218, Residenza Universitaria, Via Universitá 5, Genova, Italia. Room 218, student dorms, Via Universitá 5, Genova Italy.
Studi realizzati Education	Studio il secondo anno di disegn di computer all'universitá. I study computer design in the second year at a college
Dove ha lavorato precedentemente? Where have you worked before?	Ho lavorato due mesi in una fattoria I worked for two months as a farm worker
Che esperienza ed abilitá possiede?* What experience and skills have you had?	Posso usare un computer I can use a computer
Lingue* 0 - no, 10 - fluido Languages 0 - no, 10 - fluently	italiano - 8, inglése - 10 Italiano - 8, English - 10,
Patente per guidare*	(sottolineare) <u>No</u> Si Tipo:

Driving license	(underline) <u>No</u> Yes Kind:
Impiego ricercato * You need a job	(sottolineare) A tempo pieno <u>Mezza giornata:</u> 15 ore settimanali (underline) Full time <u>Part time:</u> 15 hours a week
Stipendio richiesto You want to earn	15 euro l'ora 15 euro per hour

La Sig.ra. Minari portó i formulari d'informazione personale all'editore di "Notizie di Genova".

"L'editore é d'accordo," disse la Sig.ra Minari quando tornó, "Potete accompagnare una pattuglia della polizía e dopo farete gli articoli per la sezione criminale. Una macchina della polizía verrá domani alle diciassette in punto a prendervi. Dovrete essere qui puntuali, verrete?"

"Certo," rispose Mike.

"Si, lo faremo," disse Giuseppe "Ciao."

"Ciao," rispose la Sig.ra. Minari.

Miss Minari took their personal information forms to the editor of "Notizie di Genova".

"The editor has agreed," Miss Minari said when she came back, "You will accompany a police patrol and then compose reports for the criminal rubric. A police car will come tomorrow at seventeen o'clock to take you. Be here at this time, will you?"

"Sure," Mike answered.

"Yes, we will," Giuseppe said, "Goodbye."

"Goodbye," Miss Minari answered.

27

La pattuglia della polizía (parte 1)
The police patrol (part 1)

A

Parole, vocaboli

1. abbaió - barked
2. accese - started (the engine); accelleró - started (to drive)
3. accompagnó - accompanied
4. allarme - alarm
5. aprí - opened
6. arma - gun
7. asciugare - to dry; secco - dry (adj)
8. aspettó - waited

9. assicurare - fasten
10. attorno - around
11. capí - understood
12. cento - hundred
13. cercó - tried
14. chiave - key
15. chiuso - closed
16. cintura di sicurezza - seat belts
17. condannare - damn
18. conosciuto - met
19. corse - rushed
20. dette un passo - stepped
21. dimostró - showed
22. dodici - twelve
23. fece - did
24. grande - high
25. gridó - cried
26. guidava - drove
27. ladro - robber; rapina - robbery
28. ladro - thief, ladri - thieves
29. limite - limit
30. manette - handcuffs
31. microfono - microphone
32. nascose - hid
33. polizía - policeman
34. prezzo - price
35. ricerca - pursuit
36. sergente - sergeant
37. sirena - siren
38. tema, affare, business - matter, business
39. Temerario - afraid
40. tutti quanti - everybody
41. ufficiale - officer
42. ululato - howling
43. velocitá - speed; conducente temerario - speeder; eccesso di velocitá - speeding

 **B**

Mike e Giuseppe arrivarono all'edificio del giornale "Notizie di Genova" alle diciassette in punto del giorno dopo. La macchina della polizía li stava giá aspettando. Un poliziotto uscí dalla macchina.

"Ciao. Sono il sergente Francesco Sella," disse quando Giuseppe e Mike si avvicinarono alla macchina.

"Ciao. Piacere di conoscerla. Il mio nome é Mike. Noi dobbiamo accompagnarlo," rispose

Mike and Giuseppe arrived at the building of the newspaper "Notizie di Genova" at seventeen o'clock next day. The police car was waiting for them already. A policeman got out of the car.

"Hello. I am sergeant Francesco Sella," he said when Giuseppe and Mike came to the car.

"Hello. Glad to meet you. My name is Mike.

Mike.

"Ciao. Io sono Giuseppe. Ci avete aspettato molto tempo?" domandó Giuseppe.

"No. Sono appena arrivato qui. Entriamo in macchina. Adesso cominciamo a pattugliare la cittá," disse il poliziotto. Entrano tutti nella macchina della polizía.

"É la prima volta che accompagnate una pattuglia della polizía?" domandó il sergente Sella accendendo il motore.

"Non abbiamo mai accompagnato una pattuglia della polizía," rispose Giuseppe.

In quel momento la radio della polizía si accese: "Attenzione P11 e P07! Una macchina azzurra corre a tutta velocitá lungo la Via Universitá."

"P07 andiamo," disse il sergente Sella al microfono. Allora disse ai ragazzi: "Il numero della nostra macchina é P07." Una grande macchina azzurra li sorpassó a tutta velocitá. Francesco Sella prese il microfono un'altra volta e disse: "Parla P07. Vedo la macchina azzurra a tutta velocitá. Cominciamo l'inseguimento" dopo disse ai ragazzi, "Allacciatevi le cinture di sicurezza." La macchina della polizía acceleró a tutta velocitá. Il sergente acceleró a fondo ed accese la sirena. Circolarono con la sirena accesa, passando edifici, macchine ed autobus. Francesco Sella fece fermare la macchina azzurra. Il sergente uscí dalla macchina e andó verso il conducente temerario. Giuseppe e Mike lo seguirono.

"Sono l'ufficiale della polizía Francesco Sella. Mi faccia vedere la sua patente, per favore," disse il poliziotto al conducente.

"Ecco qui la mia patente," il conducente fece vedere la sua patente, "Qual'é il problema?" disse con ira.

"Lei stava guidando in cittá ad una velocitá di

We must accompany you," Mike answered.

"Hello. I am Giuseppe. Were you waiting long for us?" Giuseppe asked.

"No. I have just arrived here. Let us get into the car. We begin city patrolling now," the policeman said. They all got into the police car.

"Are you accompanying a police patrol for the first time?" sergeant Sella asked starting the engine.

"We have never accompanied a police patrol before," Giuseppe answered.

At this moment the police radio began to talk: "Attention P11 and P07! A blue car is speeding along Via Universitá."

"P07 got it," sergeant Sella said in the microphone. Then he said to the boys: "The number of our car is P07." A big blue car rushed past them with very high speed. Francisco Sella took the mic again and said: "P07 is speaking. I see the speeding blue car. Begin pursuit," then he said to the boys, "Fasten your seat belts." The police car started quickly. The sergeant stepped on the gas up to the stop and switched on the siren. They rushed with the howling siren past buildings, cars and buses. Francesco Sella made the blue car stop. Sergeant got out of the car and went to the speeder. Giuseppe and Mike went after him.

"I am police officer Francesco Sella. Show your driving license, please," the policeman said to the speeder.

"Here is my driving license," the driver showed his driving license, "What is the matter he said angryly.

"You were driving through the city with a

cento venti chilometri all'ora. La velocitá limite é sessanta," disse il sergente.

"Ah, questo. Veda, ho appena lavato la mia macchina. Quindi stavo guidando un pó piú svelto per farla asciugare," disse l'uomo con un sorriso astuto.

"Gli é costato molto lavare la sua macchina?" domandó il poliziotto.

"Non molto. Mi é costato dodici euro," disse il conducente.

"Non sa il prezzo," disse il sergente Sella, "Veramente gli é costato duecento dodici euro perché lei pagherá duecento euro per asciugare la macchina. Ecco qui la multa. Buona giornata," gli disse il poliziotto. Gli dette la multa per eccesso di velocitá di duecento euro e la patente al conducente e tornó alla pattuglia della polizía.

"Francesco, credo che hai avuto molta esperienza con i conducenti temerari, non é cosí?" domandó Giuseppe al poliziotto.

"Ne ho conosciuti molti," disse Francesco accendendo il motore, "A principio sembrano tigri feroci o volpi astute. Ma dopo che parlo con loro, sembrano gattini spaventati o scimmie sciocche. Come quello della macchina azzurra."

Intanto una macchina bianca piccola guidava lentamente lungo la strada non lontano dal parco della cittá. La macchina si fermó vicino a un negozio. Un uomo ed una donna uscirono dalla macchina e si avvicinarono al negozio. Era chiuso. L'uomo si guardó attorno. Allora in fretta tiró fuori alcune chiavi e cercó di aprire la porta. Alla fine l'apri ed entrarono.

"Guarda! Quanti vestiti ci sono qui!" disse la donna. Lei prese una borsa grande e cominció a mettere dentro tutto quello che c'era lí. Quando riempí la borsa, la portó in

speed of one hundred and twenty kilometers an hour. The speed limit is sixty," the sergeant said.

"Ah, this. You see, I have just washed my car. So I was driving a little faster to dry it up," the man said with a sly smile.

"Does it cost much to wash the car?" the policeman asked.

"Not much. It cost twelve euro," the speeder said.

"You do not know the prices," sergeant Sella said, "It really cost you two hundred and twelve euro because you will pay two hundred euro for drying the car. Here is the ticket. Have a nice day," the policeman said. He gave a speeding ticket for two hundred euro and the driving license to the speeder and went back to the police car.

"Francesco, I think you have lots of experiences with speeders, haven't you?" Giuseppe asked the policeman.

"I have met many of them," Francesco said starting the engine, "At first they look like angry tigers or sly foxes. But after I speak with them, they look like afraid kittens or silly monkeys. Like that one in the blue car."

Meanwhile a little white car was slowly driving along a street not far from the city park. The car stopped near a shop. A man and a woman got out of the car and went up to the shop. It was closed. The man looked around. Then he quickly took out some keys and tried to open the door. At last he opened it and they went inside.

"Look! There are so many dresses here!" the woman said. She took out a big bag and began to put in everything there. When the bag was full, she took it to the car and came

macchina e tornó di nuovo.

"Prendi tutto alla svelta! Oh! Che cappello meraviglioso!" disse l'uomo. Lui prese dalla vetrina un grande cappello nero e se lo mise in testa.

"Guarda questo vestito rosso! Mi piace molto!" dice la donna e rapidamente lo indossó. Lei non aveva piú borse. Cosí prese altre cose con le mani e le mise in macchina. Dopo corse dentro per prendere piú cose.

La pattuglia P07 della polizía passava lentamente lungo il parco della cittá quando la radio si accese: "Attenzione a tutte le pattuglie. Abbiamo localizzato un'allarme di rapina di un negozio vicino il parco della cittá. L'indirizzo del negozio é Via del Parco Nº 72."

"P07 ricevuto," disse Francesco dal microfono, "Sono vicino a quel posto. Vado lá."

Loro trovarono subito il negozio e si avvicinarono con la pattuglia della polizía verso la macchina bianca. Allora uscirono dalla macchina e si nascosero dietro questa. La donna vestita col vestito rosso nuovo uscí correndo dal negozio. Mise alcuni vestiti sulla macchina della polizía e corse un'altra volta dentro il negozio. La donna lo fece molto svelta. Lei non vide che era una macchina della polizía!

"Mannaggia! Ho dimenticato la mia arma nel commissariato della polizía!" disse Francesco. Mike e Giuseppe guardarono il sergente Sella e dopo l'un l'altro sorpresi. Il poliziotto era cosí confuso che Giuseppe e Mike capirono che loro dovevano aiutarlo. La donna corse fuori dal negozio di nuovo, mise alcuni vestiti sulla macchina della polizía e tornó indietro correndo. Allora Giuseppe disse a Francesco: "Possiamo fare finta che abbiamo armi."

back.

"Take everything quickly! Oh! What a wonderful hat!" the man said. He took from the shop window a big black hat and put it on.

"Look at this red dress! I like it so much!" the woman said and quickly put on the red dress. She did not have more bags. So she took more things in her hands, ran outside and put them on the car. Then she ran inside to bring more things.

The police car P07 was slowly driving along the city park when the radio began to talk: "Attention all patrols. We have got a robbery alarm from a shop near the city park. The address of the shop is 72 Park street."

"P07 got it," Francesco said in the mic, "I am very close to this place. Drive there."

They found the shop very quickly and drove up to the white car. Then they got out of the car and hid behind it. The woman in a new red dress ran out of the shop. She put some dresses on the police car and ran back in the shop. The woman did it very quickly. She did not see that it was a police car!

"Damn it! I forgot my gun in the police station!" Francesco said. Mike and Giuseppe looked at the sergeant Sella and then surprised at each other. The policeman was so confused that Giuseppe and Mike understood they must help him. The woman ran out of the shop again, put some dresses on the police car and ran back. Then Giuseppe said to Francesco: "We can pretend that we have guns."

"Let's do it," Francesco answered, "But you

"Facciamolo," rispose Francesco, "Ma non vi alzate. I ladri possono avere armi" disse lui ed allora urló, "Vi parla la polizía! Tutti quelli che sono dentro il negozio mettano le mani in alto ed uscite lentamente dal negozio uno a uno!"

Aspettarono un minuto. Nessuno uscí. Allora a Mike gli venne un'idea.

"Se non uscite adesso, noi manderemo un cane poliziotto!" gridó e allora abbaió come un cane grande e furioso. I ladri uscirono correndo immediatamente con le mani in alto. Francesco rapidamente gli mise le manette e li catturó facendoli entrare nella pattuglia. Allora disse a Mike: "É stata una grande idea fingere che avevamo un cane! Guardate, ho giá dimenticato l'arma due volte. Se scoprono che l'ho dimenticata una terza volta, possono licenziarmi o farmi fare lavoro di ufficio. Non lo direte a nessuno, vero?"

"Certo!" disse Mike.

"Mai," disse Giuseppe.

"Grazie mille per avermi aiutato, ragazzi!" Francesco strinse forte le loro mani.

do not get up. The thieves may have guns," he said and then cried, "This is the police speaking! Everybody who is inside the shop put your hands up and come slowly one by one out of the shop!"

They waited for a minute. Nobody came out. Then Mike had an idea.

"If you will not come out now, we will set the police dog on you!" he cried and then barked like a big angry dog. The thieves ran out with hands up immediately. Francesco quickly put handcuffs on them and got them to the police car. Then he said to Mike: "It was a great idea pretending that we have a dog! You see, I have forgotten my gun two times already. If they find out that I have forgotten it for the third time, they may fire me or make me do office work. You will not tell anybody about it, will you?"

"Sure, not!" Mike said.

"Never," Giuseppe said.

"Thank you very much for helping me, guys!" Francesco shook their hands strongly.

28

La pattuglia della polizía (parte 2)

The police patrol (part 2)

A

Parole, vocaboli

1. anche - either, too, also
2. ancora - yet
3. andato - gone
4. aprí - opened
5. bottone - button
6. cellulare - mobile
7. centro commerciale - shopping center
8. di chi - whose

9. Express Bank - Express Bank
10. furbo - clever
11. ieri - yesterday
12. in segreto - secretly
13. incoscente - unconscious
14. lo saluta cordialmente, affettuosamente - sincerely
15. mio - mine
16. mosse - turned
17. ogni tanto, non frequente - seldom
18. Paolo - Paolo
19. preso - taken
20. pressare - to press
21. proteggere - to protect
22. qualcuno - somebody
23. rimbalzare - ricochet
24. rispose - answered
25. Roberto - Roberto
26. rubato - stolen
27. scusarsi - to excuse; Mi scusi. - Excuse me.
28. sicuro - safe
29. signora - madam
30. soldi in contanti, cash - cash; cassa - cash register; cassiere - cashier, teller
31. sparo - shot
32. squilló, suonó - rang
33. tasca - pocket
34. telefono - phone; telefonare - to phone
35. tuo/tuoi - yours
36. uomini - men
37. usuale - usual
38. vetro - glass
39. vide - saw

 **B**

Il giorno dopo Mike e Giuseppe accompagnarono Francesco un'altra volta. Erano fermi vicino un grande centro commerciale quando una donna si avvicinó a loro.

"Potete aiutarmi per favore?" domandó lei.

"Certo, signora. Cosa é successo?" domandó Francesco.

"Ho perso il mio cellulare. Credo che me l'hanno rubato."

"Lo ha usato oggi?" domandó il poliziotto.

Next day Mike and Giuseppe were accompanying Francesco again. They were standing near a big shopping centre when a woman came to them.

"Can you help me please?" she asked.

"Sure, madam. What has happened?" Francesco asked.

"My mobile phone is gone. I think it has been stolen."

"Has it been used today?" the policeman asked.

"L'ho usato prima di uscire dal centro commerciale," rispose lei.

"Andiamo dentro," disse Francesco. Loro entrarono al centro commerciale e guardarono intorno. C'era molta gente lí.

"Proviamo un vecchio trucco," disse Francesco prendendo il propio telefono "Qual'é il suo numero di telefono?" domandó alla donna. Lei glielo disse e lui chiamó il suo telefono. Un cellulare squilló non lontano da loro. Andarono verso il posto dove stava suonando. C'era una coda lí. Un uomo fra la folla guardó il poliziotto e allora si giró rapidamente guardando verso un'altra parte. Il poliziotto si avvicinó ascoltando con attenzione. Il cellulare stava suonando nella tasca dell'uomo.

"Mi scusi," disse Francesco. L'uomo lo guardó.

"Mi scusi, il suo cellulare sta suonando," disse Francesco.

"Dove?" disse l'uomo.

"Qui, nella sua tasca," disse Francesco.

"No, non sta suonando," disse l'uomo.

"Si, invece si," disse Francesco.

"Non é il mio," disse l'uomo.

"Allora di chi é il teléfono che sta suonando nella sua tasca?" rispose Francesco.

"Non lo so," rispose l'uomo.

"Mi lasci vedere, per favore," disse Francesco e tiró fuori il telefono dalla sua tasca.

"Oh, é il mio!" gridó la donna.

"Prenda il suo telefono, signora," disse Francesco, dandolo a lei.

"Mi permette signore?" domandó Francesco e mise la mano nella tasca

"It had been used by me before I went out of the shopping centre," she answered.

"Let's get inside," Francesco said. They went into the shopping centre and looked around. There were many people there.

"Let's try an old trick," Francesco said taking out his own phone, "What is your telephone number?" he asked the woman. She said and he called her telephone number. A mobile telephone rang not far from them. They went to the place where it was ringing. There was a queue there. A man in the queue looked at the policeman and then quickly turned his head away. The policeman came closer listening carefully. The telephone was ringing in the man's pocket.

"Excuse me," Francesco said. The man looked at him.

"Excuse me, your telephone is ringing," Francesco said.

"Where?" the man said.

"Here, in your pocket," Francesco said.

"No, it is not," the man said.

"Yes, it is," Francesco said.

"It is not mine," the man said.

"Then whose telephone is ringing in your pocket?" Francesco asked.

"I do not know," the man answered.

"Let me see, please," Francesco said and took the telephone out of the man's pocket.

"Oh, it is mine!" the woman cried.

"Take your telephone, madam," Francesco said giving it to her.

"May I, sir?" Francesco asked and put his hand in the man's pocket again. He took out

dell'uomo. Tiró fuori un altro telefono ed un altro ancora.

"Nemmeno sono suoi?" domandó Francesco all'uomo.

L'uomo mosse la testa guardando da un'altra parte.

"Che telefoni strani!" urló Francesco "Sono fuggiti dai loro padroni e sono saltati dentro la tasca di quest'uomo! E adesso stanno suonando nella sua tasca, non é cosí?"

"Si, é cosí," disse l'uomo.

"Sa, il mio lavoro é proteggere la gente. E la proteggeró da lei. Entri nella mia macchina e lo porteró in un posto dove i telefoni non potranno saltare nella sua tasca. Andiamo al commisariato," disse il poliziotto. Dopo prese l'uomo per il braccio e lo portó nella macchina della polizía.

"Mi piacciono i criminali scemi," Francesco Sella sorrise dopo aver lasciato il ladro dal commissariato.

"Hai conosciuto qualcuno furbo?" domandó Giuseppe.

"Si, l'ho conosciuto. Ma non é frequente," rispose il poliziotto, "Perché é molto difficile catturare un criminale furbo."

Intanto due uomini entrarono nell'Express Bank. Uno di loro si mise in una fila. L'altro si avvicinó alla cassa e dette un foglio al cassiere. Il cassiere prese il foglio e lo lesse:

"Caro signore,

questa é una rapina all'Express Bank. Mi dia tutti i soldi. Sennó, useró la mia arma. Grazie.

Cordiali saluti,

Roberto"

another telephone, and then one more.

"Are they not yours either?" Francesco asked the man.

The man shook his head looking away.

"What strange telephones!" Francesco cried, "They ran away from their owners and jump into the pockets of this man! And now they are ringing in his pockets, aren't they?"

"Yes, they are," the man said.

"You know, my job is to protect people. And I will protect them from you. Get in my car and I will bring you to the place where no telephone can jump in your pocket. We go to the police station," the policeman said. Then he took the man by the arm and took him to the police car.

"I like silly criminals," Francesco Sella smiled after they had taken the thief to the police station.

"Have you met smart ones?" Giuseppe asked.

"Yes, I have. But very seldom," the policeman answered, "Because it is very hard to catch a smart criminal."

Meanwhile two men came into the Express Bank. One of them took a place in a queue. Another one came up to the cash register and gave a paper to the cashier. The cashier took the paper and read:

"Dear Sir,

this is a robbery of the Express Bank. Give me all the cash. If you do not, then I will use my gun. Thank you.

Sincerely yours,

Roberto"

"Credo che posso aiutarlo," disse il cassiere premendo in segreto il bottone dell'allarme, "Ma i soldi li hanno messi ieri nella cassa di sicurezza. La cassa di sicurezza non é ancora aperta. Diró a qualcuno che apra la cassa di sicurezza e porti i soldi. D'accordo?"

"Bene! Ma fallo subito!" rispose il ladro.

"Gli preparo un caffé mentre le mettono i soldi nelle borse?" gli domanda il cassiere.

"No, grazie. Solo i soldi," rispose il ladro.

La radio della pattuglia P07 cominció a funzionare: "Attenzione a tutte le pattuglie. Abbiamo ricevuto un'allarme dall'Express Bank."

"P07 ricevuto," rispose il sergente Sella. Accese la macchina ed acceleró a fondo. Quando arrivarono in banca non c'era ancora nessun'altra macchina della polizía.

"Faremo un'articolo interessante se andiamo dentro," disse Giuseppe.

"Ragazzi fate quello che dovete fare. Ed io entreró dalla porta che é dietro," disse il sergente Sella. Prese la sua arma e andó alla svelta alla porta di dietro della banca. Giuseppe e Mike entrarono in banca dall'entrata principale. Videro un uomo in piedi vicino la cassa. Si mise una mano in tasca e si guardó intorno. L'uomo che era con lui uscí dalla fila e gli si avvicinó.

"Dove sono i soldi?" gli domandó a Roberto.

"Paolo, il cassiere ha detto che li stanno mettendo dentro le borse," gli rispose l'altro ladro.

"Sono stanco di aspettare!" disse Paolo. Tiró fuori l'arma e puntó al cassiere, "Porti tutti i soldi adesso!" gridó il ladro al cassiere. Allora é andó al centro della sala ed ha: urló "Sentite tutti! Questa é una

"I think I can help you," the cashier said pressing secretly the alarm button, "But the money had been locked by me in the safe yesterday. The safe has not been opened yet. I will ask somebody to open the safe and bring the money. Okay?"

"Okay! But do it quickly!" the robber answered.

"Shall I make you a cup of coffee while the money is being put in bags?" the cashier asked.

"No, thank you. Just money," the robber answered.

The radio in the police car P07 began to talk: "Attention all the patrols. We have got a robbery alarm from the Express Bank."

"P07 got it," sergeant Sella answered. He stepped on the gas up to the stop and the car started quickly. When they drove up to the bank, there was no other police car yet.

"We will make an interesting report if we go inside," Giuseppe said.

"You guys do what you need. And I will come inside through the back door," sergeant Sella said. He took out his gun and went quickly to the back door of the bank. Giuseppe and Mike came into the bank through the central door. They saw a man standing near the cash register. He put one hand in his pocket and looked around. The man who came with him, stepped away from the queue and came up to him.

"Where is the money?" he asked Roberto.

"Paolo, the cashier has said that it is being put in bags," another robber answered.

"I am tired of waiting!" Paolo said. He took out a gun and pointed it to the cashier, "Bring all the money now!" the robber cried at the cashier. Then he went to the middle of the

rapina! Nessuno si muova!" In quel momento qualcuno vicino alla cassa si mosse. Il ladro sparó con la sua arma senza guardare. L'altro ladro cadde al suolo e gridó: "Paolo! Imbecille! Mannaggia! Mi hai sparato!"

"Oh, Roberto! Non avevo visto che eri tu!" disse Paolo. In quel momento il cassiere uscí subito da lí.

"Il cassiere é uscito correndo e non hanno ancora portato i soldi qui!" gridó Paolo a Roberto, "La polizía puó arrivare subito! Cosa faremo?"

"Prendi qualcosa grande, rompi il vetro e prendi i soldi. Presto!" grida Roberto. Paolo prende una sedia metallica e dette un colpo sul vetro della cassa. Era un vetro speciale e naturalmente non si ruppe. Ma la sedia rimbalzó e cadde sulla testa del ladro! Lui cadde per terra inconscente. In quel momento il sergente Sella entró correndo e rapidamente mise le manette ai rapinatori. Lui si giró verso Giuseppe e Mike.

"Ve l'ho detto! Molti criminali sono solo degli scemi!" disse.

room and cried: "Listen all! This is a robbery! Nobody move!" At this moment somebody near the cash register moved. The robber with the gun without looking shot at him. Another robber fell on the floor and cried: "Paolo! You silly monkey! Damn it! You have shot me!"

"Oh, Roberto! I did not see that it was you!" Paolo said. At this moment the cashier quickly ran out.

"The cashier has run away and the money has not been taken here yet!" Paolo cried to Roberto, "The police may arrive soon! What shall we do?"

"Take something big, break the glass and take the money. Quickly!" Roberto cried. Paolo took a metal chair and hit the glass of the cash register. It was of course not usual glass and it did not break. But the chair went back by ricochet and hit the robber on the head! He fell on the floor unconsciously. At this moment sergeant Sella ran inside and quickly put handcuffs on the robbers. He turned to Giuseppe and Mike.

"I did say! Most criminals are just silly!" he said.

29

Scuola per studenti stranieri (S.S.S) e au pair
School for Foreign Students (SFS) and au pair

A

Parole, vocaboli

1. Alice - Alice
2. anche - also
3. anfitrione - host
4. cambiare - to change; cambio, resto - change
5. chiamato - called
6. Chicago - Chicago

7. contratto - agreement
8. corso - course
9. da (quando) - since (time point); visto che da - as, since
10. data - date
11. due volte - twice
12. email/posta elettronica - e-mail
13. figlia - daughter
14. gara, concorso - competition
15. il piú vicino - nearest
16. imparando - learning
17. ingiusto - unfair
18. inviato - sent
19. lettera - letter
20. maggiore - elder
21. Nord America ed Eurasia - North America and Eurasia
22. paese - country (state); campagna - countryside
23. paese, paesino - village
24. pagina web, sito - Internet site
25. pagó - paid
26. participante - participant
27. passato - passed
28. persona - person
29. possibilitá - possibility
30. problema - problem
31. scrisse - wrote
32. selezionare, scegliere - chose
33. serva - servant
34. Sofia - Sofia
35. speranza - hope; sperare - to hope
36. standard - standard
37. Stati Uniti/EE.UU - the United States/the USA
38. una volta - once
39. unire - to join
40. visitato - visited
41. vivevano - lived

 **B**

La sorella di Mike, suo fratello ed i suoi genitori vivevano negli Stati Uniti (EE.UU). Loro vivevano a Chicago. La sorella si chiamava Sofia. Lei aveva venti anni. Aveva studiato italiano da quando aveva undici anni. Quando aveva quindici anni voleva far parte del programma S.S.S. Il programma S.S.S da l'opportunitá ad alcuni studenti del liceo del Nord America ed Eurasia di trascorrere un anno in Italia, vivendo con una famiglia e studiare in una scuola italiana. Il

Mike's sister, brother and parents lived in the United States. They lived in Chicago. The sister's name was Sofia. She was twenty years old. She had learned Italian since she was eleven years old. When Sofia was fifteen years old, she wanted to take part in the program SFS. SFS gives the possibility for some high school students from North America and Eurasia to spend a year in Italy, living with a host family and studying in a Italian school. The program is

programma é gratuito. La S.S.S paga i biglietti aerei, il soggiorno con la famiglia, il vitto (il mangiare) ed un anno di studi in una scuola italiana. Ma al momento che lei seppe l'informazione sul concorso nel sito web, il giorno del concorso era passato.

Dopo seppe sul programma au pair. Questo programma da ai suoi partecipanti la possibilitá di passare uno o due anni in Italia vivendo con una famiglia e questa persona deve prendersi cura dei bambini della famiglia e fare un corso per imparare la lingua. Visto che Mike stava studiando a Genova, Sofia gli scrisse una mail. Lei gli chiese di cercare una famiglia che la accogliesse in Italia. Mike guardó su alcuni giornali e nei siti di internet con annunci. Trovó alcune famiglie di accoglienza in Italia su http://www.aupair-world.net/ e su http://www.Placementaupair.com/. Allora Mike visitó un'agenzia di au pairs di Genova. Fu atteso da una donna. Il suo nome era Alice Girasoli.

"Mia sorella é degli Stati Uniti. A lei piacerebbe entrare nel programma di au pair con una famiglia italiana. Lei potrebbe aiutarmi su questo punto?" domandó Mike ad Alice.

"Mi fará molto piacere aiutarlo. Noi troviamo posto per au pairs in tutta l'Italia. Un'au pair é una persona che vive con una famiglia che la accoglie per farsi aiutare in casa e badare ai bambini. La famiglia di accoglienza dell'au pair provvede al vitto, una camera ed uno stipendio. Questo stipendio é fra i 200 e 600 euro. La famiglia di accoglienza deve anche pagare all'au pair un corso di lingue," disse Alice.

"Ci sono famiglie buone e cattive?" domandó Mike.

"Ci sono due problemi quando si sceglie una famiglia. Primo: alcune famiglie pensano che

free. Airplane tickets, living with a family, food, studying at Italian school are paid by SFS. But by the time when she got the information about the competition date from the Internet site, the competition day had passed.

Then she learned about the program de au pair. This program gives its participants the possibility to spend a year or two in Italy living with a host family, looking after children and learning at a language course. Since Mike was studying in Genova, Sofia wrote him an e-mail. She asked him to find a host family for her in Italy. Mike looked through some newspapers and Internet sites with adverts. He found some host families from Italy on http://www.aupair-world.net/ and on http://www.Placementaupair.com/. Then Mike visited an au pair agency in Genova. He was consulted by a woman. Her name was Alice Girasoli.

"My sister is from United States. She would like to be an au pair with an Italian family. Can you help on this matter?" Mike asked Alice.

"I will be glad to help you. We place au pairs with families all over Italy. An au pair is a person who joins a host family to help around the house and look after children. The host family gives the au pair food, a room and pocket money. Pocket money may be from 200 to 600 euro. The host family must pay for a language course for the au pair as well," Alice said.

"Are there good and bad families?" Mike asked.

"There are two problems about choosing a family. First some families think that an au

una au pair é una serva che deve fare tutto in casa, anche cucinare, lavare, lavorare nel giardino, ecc. Ma una au pair non é una serva. Una au pair é come una figlia o figlio maggiore della famiglia che aiuta ai genitori con i figli minori. Per proteggere i diritti degli au pairs ci deve essere un contratto con la famiglia di accoglienza o anfitrione. Non fidatevi quando qualche agenzia di au pair o famiglie di accoglienza assicurano che loro usano contratti "standard". Non ci sono contratti standard. L'au pair puó modificare qualsiasi parte del contratto se non é giusto. Tutto quello che l'au pair e la famiglia di accoglienza faranno dovrá essere scritto sul contratto.

Il secondo problema é questo: alcune famiglie vivono in piccoli paesi dove non ci sono corsi di lingue e pochi posti dove una au pair possa andare nel suo tempo libero. In questa situazione é necessario includere nel contratto che la famiglia di accoglienza dovrá pagarle un biglietto di andata e ritorno al paese piú grande e piú vicino quando la au pair vada lí. Puó essere una o due volte la settimana."

"Vedo. A mia sorella piacerebbe una famiglia di Genova. Puó cercare una buona famiglia in questa cittá?" domandó Mike.

"Bene, adesso ci sono circa venti famiglie di Genova," rispose Alice. Lei chiamó per telefono ad alcune di loro. Le famiglie di accoglienza erano molto contente di avere una au pair degli Stati Uniti. Molte volevano che Sofia gli mandasse una lettera ed una fotografia. Molte di loro volevano anche telefonarle per essere sicuri che lei parlasse un pó d'italiano. Quindi Mike le dette il suo numero di telefono.

Molte famiglie di accoglienza chiamarono Sofia. Allora lei mandó delle lettere. Alla fine scelse una famiglia adeguata e con l'aiuto di

pair is a servant who must do everything in the house including cooking for all family members, cleaning, washing, working in the garden etc. But an au pair is not a servant. An au pair is like an elder daughter or son of the family who helps parents with younger children. To protect their rights au pairs must work out an agreement with the host family. Do not believe it when some au pair agencies or host families say that they use a "standard" agreement. There is no standard agreement. The au pair can change any part of the agreement if it is unfair. Everything that an au pair and host family will do must be written in an agreement.

The second problem is this: Some families live in small villages where there are no language courses and few places where an au pair can go in free time. In this situation it is necessary to include in the agreement that the host family must pay for two way tickets to the nearest big town when the au pair goes there. It may be once or twice a week."

"I see. My sister would like a family from Genova. Can you find a good family in this city?" Mike asked.

"Well, there are about twenty families from Genova now," Alice answered. She telephoned some of them. The host families were glad to have an au pair from United States. Most of the families wanted to get a letter with a photograph from Sofia. Some of them also wanted to telephone her to be sure that she can speak Italian a little. So Mike gave them her telephone number.

Some host families called Sofía. Then she sent them letters. At last she chose a suitable family and with the help of Alice

Alice fecero un contratto con loro. La famiglia le pagó il viaggio dagli Stati Uniti in Italia. Finalmente Sofia cominció a vivere in Italia piena di speranze e sogni.

worked out an agreement with them. The family paid for the ticket from United States to Italy. At last Sofia started for Italy full of hopes and dreams.

* * *

Italian-English dictionary

a principio - at first
a proposito - by the way
a voce alta - aloud
abbaió - barked
accelleró - started (to drive)
accendere - switched on
accendere - to turn on
accese - started (the engine)
accompagnare - to accompany
accompagnó - accompanied
acqua - water
addio, ciao - bye
addio, ciao - goodbye
adeguato - suitable
adesso, ora - now
aereo - airplane
agenzia - agency
agenzia per l'impiego - job agency
ah.. - ah..
ailitá, qualitá - skill
aiutante - helper
aiutare - to help
aiuto - help;
al posto di, invece di - instead of
al tuo posto - instead of you
Alice - Alice
alimentare - to feed
all'aria aperta - outdoors
all'improvviso - suddenly
all'una in punto - at one o'clock
allarme - alarm
allenare - to train
allenato - trained
allo stesso tempo; contemporaneamente - at the same time
allora, dopo - then
allora, dopo - then
almeno - at least
alzarsi - to get up
alzarsi, stare in piedi - to stand
Alzati! - Get up!
amare - to love
amato - loved
amato - loved
Americano - American
amichevole - friendly
amico - friend
ammazzato - killed
amore - love
ampio, largo - wide; ampiamente - widely
anche - too, also
anche, come - also, as well
ancora - still
andai, sono andato - came andiamo - let us
andare (a piedi) - to go (on foot)
andare (col trasporto) - to go (by a transport)
andare in - to go by
andare in autobus- to go by bus
andare in bicicletta/ a cavallo - to ride
Angela - Angela
animale - animal
animale domestico - pet
anno- year
applicare - to apply
approssimatamente - approximately
aprí - opened
aprire - to open
aria - air
arma - gun
armare - to arm
arrabbiato - angry
arrivare - to arrive
arrivato (a) - arrived
arte - art
artista - artist
ascensore - lift
asciugare - to dry
ascoltare - to listen; Io ascolto la musica. - I listen to music.
asilo - kindergarten
aspettare - to wait
aspettó - waited

aspirina - aspirin
assassino(a) - killer
assicurare, abbottonare - fasten
asterisco - asterisk
astuto/furbo - sly; con furbizia/astuzia - slyly
attento/attenta - careful
attenzione - attention
atterrare - to land
attorno - round, around
attraverso - through, across
attuale - current
aula/classe - classroom
autobus - bus
avere - to have
avere bisogno - need
avventura - adventure
avviso/annuncio - ad, advert
azzurro, blu - blue
baciare - to kiss
bagnato/bagnata - wet
bagno - bath
bagno - bathroom
balena - whale; orca - killer whale
ballando - dancing
ballare - to dance;
ballato - danced
bambina, ragazza - girl
bambini, bimbi - children
bambino, ragazzo - boy
bambino/bambina - child
bambola, bambolotto - doll;
bambolotto del paracadutista - stuffed parachutist
banca - bank
banco (di scuola), scrivania - desk
barca, nave - ship
bello/bella - beautiful
bello/bella - nice
bene - fine, well
Bene!, Che bene! - cool, great
bene, va bene - OK, well
bere - to drink
bianco/bianca - white

bicicletta - bike
Big Pollution - Big Pollution
biglietto - ticket
bip - beep
borsa - bag
bottone - button
braccia - arms
brocca - jar
buono/buona - good
burro - butter
cadde - fell
cade - fall
cadendo - falling
cadere - to fall
caffé - café
caffé - coffee
caffetiera - coffee-maker
caldo, tiepido - warm; scaldare - to warm up
cambiare - to change,
cambio, resto - change
camion - truck
camminando - walking
camminare - to walk
cammino - way
campagna - field
cane - dog
canguro - kangaroo
cantante - singer
cantare - sing
capelli - hair
capelli grigi - gray-headed
capí, ho capito, comprese - understood
capire/comprendere - to understand
capitano - captain
capo, responsabile - head, chief
cappello - hat
caricando - loading
caricare - to carry in hands, to load
caricatore - loader
caro/cara - dear
Carol - Carol
carta - paper
casa - home, house

casa editrice - publishing
cassa - cash register,
cassette di video - videocassette
cassiere - cashier, teller
cattivo/cattiva - bad
catturare - to catch
cavo - cable
cento - hundred
centrale - central
centro - centre
centro commerciale - shopping center
centro della cittá - city centre
cercare/provare - to try
cercó/provó - tried
cerimonia - ceremony
certo - of course
che - than; Giorgio é piú vecchio di Linda. - George is older than Linda.
che gira - turning
che, quello - that; Io so che questo libro é interessante. - I know that this book is interesting.
chi - who
chiamato - called
chiave - key
Chicago - Chicago
chiedere scusa, pentirsi - to be sorry; mi dispiace - I am sorry.
chiedere, domandare - to ask
chilometro - kilometer
chimica - chemistry
chiudere - to close
chiudere/spegnere- to turn off
chiuse, chiuso - closed
chiuso - close
ciao - hello, hi
cinque - five
cintura di sicurezza - seat belts
circa, su - about (read, tell)
cisterna - tanker
cittá - city
classe - class
classe, tipo - kind, type
cliente - customer

clima - weather
club - club
coda - queue
coda - tail
colazione - breakfast; fare colazione - have breakfast
collega - colleague
collegio/universitario/universidad - college
colpire, picchiare - to hit, to beat
come - as
come - how
cominciare - to begin, to start
cominció - began
commesso, commessa, dipendente - shop assistant
compact disc (CD) - CD
compito/missione - task, homework
comporre - to compose
composizione, tema - composition
comprare - to buy
computer, pc - computer
comune - usual
con - with
con attenzione - carefully
con rabbia, con ira - angrily
condannare, maledire - damn
conduttore - driver
confuso - confused
congelare - to freeze
conobbi/ho conosciuto - met
conobbi/ho conosciuto, seppi/ho saputo - knew
conoscere, sapere - to know
consulente - consultant
consulenza - consultancy
consultare - to consult
contadino - farmer
contanti - cash
contento(a) - glad
contento(a)/felice - happy
continuare - to continue; continuato - continued
continuerá - to be continued

contratto - agreement
contro - against
controllare - to check
controllo - control
conversare, chiaccherare - to talk
coordinazione - co-ordination
cornetta del telefono - phone handset
correggere - to correct
correre - to run
correttamente - correctly; non
correttamente - incorrectly
corretto - correct
corse - rushed
corso - course
corto/corta - short
cosa - thing
cosa - what; Cos'é questo? - What is this? Quale tavolo? - What table?
costa - shore
costante - constant
costare - to cost
creativo(a) - creative
credere - to believe
criminale - criminal (adj), penale - criminal
cristallo, vetro - crystal, glass
cucciolo - puppy
cucina - kitchen
cucinando - cooking
cuciniere/cuciniera - cooker
cui - whose
da quando - since (time point)
dando passi - stepping
Daniele - Daniele
dare - to give
dare fastidio - to bother
data - date
davanti a, prima - before
decimo - tenth
degli Stati Uniti - from the USA
della donna - woman's
della mamma - mother's
dentro - inside
dentro di - into

desiderare/volere - to want
destro/destra, corretto - right
dette un passo - stepped
dette, ha dato - gave
detto - said
di fronte - front
di fronte - in front
di loro - them
di Mike - Mike's
di Pierre's - Pierre's
dieci - ten
dietro - behind
dietro, indietro - back
differente, diverso - different
difficile - difficult
diffondere, spalmare - to spread
dimenticare - to forget
dimenticó - forgot
dimostró - showed
dipartimento del personale - personnel department
dire - to say
dire, racccontare - to tell, to say
dirigere, girare il volante - to steer
dirigersi a - to head, to go
discorso - speech
disegno, design, grafica - design
distruggere - destroy
ditta, azienda - company
ditta/azienda - firm
divertente - funny
divertimento - fun
divertirsi, godere - enjoy
dodici - twelve
dollaro - dollar
domandó, chiese - asked
domani - tomorrow
domenica - Sunday; colazione della domenica - Sunday breakfast
donna, femminile - female, woman
dopo - after
dopo di questo - after that
dormendo - sleeping
dormire - to sleep

dottore - doctor
dove - where
dovere - must; Io devo andare - I must go.
due - two
due volte - twice
durante - during
durare - to last
duro - hard
DVD- DVD
é di - from
é stato promosso - he passed the test
ebbi, ho avuto - had
ecc - etc.
editore - editor
educazione - education
Ei! - hey
eleggere, scegliere - to choose
elettrico/elettrica - electric
e-mail/posta elettronica - e-mail
energia - energy
era /stava - were
esame - test
esempio - example;
esibizione aerea - airshow
esperienza - experience
essere d'accordo - to agree
essere promosso - to pass,
essere vestito - dressed
etá - age
extraterrestre - alien
fa (tempo) - ago; un anno fa - a year ago
faccia, viso - face
fame - hungry
famiglia - family
fare - to do
fare attenzione, occuparsi, dare fastidio - to mind
farmacia - pharmacy
fattoria - farm
favorito(a), preferito(a) - favorite
fece, ha fatto - did
felicitá - happiness
fermare - to stop
fermó - stopped

ferrovia - railway
figlia - daughter
figlio - son
film - film
finale - finish
finalizzare, finire - to finish
finanze - finance
fine - over
finestra - window
finestre - windows
finito - finished
fino - until
fiore - flower
fluido - fluently
fluire, scorrere - to flow
foglio - sheet (of paper)
Ford - Ford
forte - strong;
fortemente, con forza - strongly
forza- strength
fotografia - picture
fotografiare- to photograph;
fotografo - photographer
fra - between
frase - phrase
fratello - brother
freddezza - coldness
freddo (agg) - cold (adj)
frena - brake
frenare - to brake
frequente, spesso - often
fu/é stato - was
fuoco - fire
fuori - outside to
fuori di- out of
fuori servicio, non funziona - out of order
furbo, astuto - clever
futuro - future
galleggiando - floating
galleggiare - to float
gamba - leg
gara/concorso - competition
gas - gas
gattino(a) - kitten

gattino/gattina - pussycat
gatto(a) - cat
gelato - ice-cream
genitori - parents
Genova - Genova
gente - people
gestire - manage
giacca - jacket
Giacomo - Giacomo
giallo - yellow
giardino - garden
giardino, cortile - yard
giocando - playing
giocare - to play
giocattolo - toy
Giorgio - Giorgio
giornale - newspaper
giornaliero - daily
giornalista - journalist
giornalista - reporter
giorno - day
giovane - young
girare - to turn;
Giuseppe - Giuseppe
giusto/esatto - just
gli - him
gomma - rubber
grande - big, great, high
grazie - thanks
grida/urla/piange - cries
gridare/urlare/piangere - to cry
gridó/urló- cried
grigio(a) - grey
guadagnare, percepire- to earn
guardare - to look
guardato - looked
guerra - war
guidare - to drive
guidava - drove
ha- has; Lui ha un libro. - He has a book.
hotel, albergo - hotel
hotels, alberghi - hotels
idea - idea
ieri - yesterday

Il libro di Giuseppe - Giuseppe's book
il piú spesso possibile - as often as possible
il suo libro - her book
imburrare - to butter
immediatamente - immediately
imparando - learning
imparare - to learn
imparato su - learned about
impiegato - employer
in - at, in
in bianco, vuoto - blank, empty
in punto - o'clock; Sono le due in punto. - It is two o'clock.
in segreto - secretly
in un'ora - in an hour
incidere - to record
incontrare, trovare - to find
incontrato, trovato - found
indirizzo - address
individualmente - individually
infine - at last
informare - to report, to inform
informato - informed
informazione - information
ingegnere - engineer
ingiusto - unfair
ingoiare - to swallow
inquinare - to pollute
insegnare - to teach
insieme - together
intanto - meanwhile
intelligente, furbo - smart
interessante - interesting
invece di - instead
inviato - sent
invitato/invitata - guest
io - I
Italia - Italy
italiano(a) - italian
l'ora - per hour
lá /lí (luogo) - there (place); verso (di) lá, verso (di) lí (direzione, indirizzo) - there (direction)

ladro - thief, ladri - thieves
lago - lake
lanciamento - pitching
laser - laser
lavandino - washer
lavando - washing
lavare - to wash
lavorando - working
lavorando - working
lavoratore, impiegato - worker
lavoro - work
lavoró - worked
lavoro manuale - manual work
lavoro mentale - mental work
le ore diciassette - seventeen (hour)
leader - leader
leggendo - reading
leggere - to read
leggermente - slightly
lei - she
lentamente - slowly
leone - lion
lettera - letter
letti - beds
letto - bed
lettore di CD - CD player
lezione - lesson
liberare - to set free
libero - free
librería, scaffale - bookcase
libro - book
libro - textbook
licenziare - to fire
limite - limit
lingua - language
lista - list
lo - it
lontano - far
loro - their
loro, essi - they
lui - he
lungo (a) - long
luogo, posto - place; collocare - to place
ma - but

macchina/autovettura - car, machine
madre - mother
maestro/a, professore/professoressa - teacher
maggiore - elder
magro - slim
mai - never
mamma, madre - mom, mother
manette - handcuffs
mangiare - to eat
mangiare, pasto - food, meal
mano - hand
mappa - map
mappa dell'uomo - man's map
mare - sea
Maria - Mary
materasso - mattress
mattino - morning
medico - medical
membro - member
meno - less
mentale - mental;
mentalmente - mentally
mentire - to lie
mentre - while
meraviglioso/meravigliosa - wonderful
merenda/snack - snack
mese - month
metallo - metal
metodo - method
metro - meter
mettere orizzontalmente - to put horizontally
mettere verticalmente - to put vertically
mezza/mezzo - half
mi - me
microfono - microphone
migliaia - thousand
migliore - best, better
mille milioni - billion
minuto - minute
mio- mine
mio/mia/miei/mie - my
mistero - mystery

mobile - mobile
mobili - furniture
modulo, formulario - form
molti, molte - most
molto - a lot
molto - very
molto, molti - much, many
momento - moment
mondo - world
monotono - monotonous
mordere - to bite
morire - to die, morto - died
mortale/fatale (agg) - deadly
moscerino, zanzara - mosquito
mosse - turned
mosso, emozionato - moved
mostrare - to show
motore - engine
musica - music
nascondere - to hide
nascondino - hide-n-seek
nascose - hid
naso - nose
nativo - native
natura - nature
nave spaziale - spaceship
nazionalitá - nationality
negozi - shops
negozio - shop
negozio di articoli sportivi - sport shop,
negozio di ciclismo - sport bike
negozio di video - video-shop
nella strada - into the street
nero - black
nessuno - nobody
nessuno, niente - not any
niente - nothing
no - no
noi - us
noi - we
nome - name; chiamare nominare, citare - to name
non - not
nono - ninth

Nord America ed Eurasia - North America and Eurasia
nostro - our
nota - note
notte - night
nove - nine
numero - number
nuotare - to swim
nuovo - new
o - or
occhi - eyes
occhio - eye
odiare - to hate
oggi - today
oh - oh
olimpico - olympic
olio - oil
onda - wave
opportunitá - chance
ora - hour; l'ora - hourly orologio - watch
ordinare - to order
orecchio - ear
ottavo - eight
ottenere - to get (something); arrivare a - to get (somewhere)
otto - eight
padrone - owner
paese - country (state);
paese, cittá - town
paese, paesino, frazione - village
pagare - to pay
pagó - paid
pallido/pallida - pale
pane - bread
panino - sandwich
pantaloni - trousers
Paolo - Paolo
papá - daddy
paracadute - parachute
paracadutista - parachutist
parchi - parks
parco - park
parlare - to speak
parola - word

parole - words
parte - part
partecipante - participant
passato - passed
passato - past; alle otto e trenta - at half past eight
passato (tempo) - past
passo - step, dare passi - to step
patente - driving license
pattuglia- patrol
pausa - break, pause
penna - pen
penne - pens
pensando - thinking
pensare - to think
pensioni o camere per studenti - dorms
Pensioni, residenze per studenti - dorms
per - for
per cui - that is why
per esempio - for example
per favore - please
per me - to me
perché - because
perché - why
perdere - to loose
Pérez - Perez
permettere - to let
persona - person
personale - personal
piacere, amare - to like, to love
pianeta - planet
pianificare - to plan
piano - plan
piatto - plate
piazza - square
piccolo - little, small
piede - foot; a piedi - on foot
pieno - full
pillola, pastiglia - pill
pilota - pilot
pioggia - rain
piú - more
piú grande - bigger
piú in lá - further

piú vicino - closer
piú vicino - nearest
pochi/poche - few
poco frecuente - seldom
polizia - police, poliziotto - policeman
Polonia - Poland
ponte - bridge
porta - door
portando - bringing
portare - to bring
posizione - position
possibile - possible
possibilitá - possibility
potere - can; Io posso leggere. - I can read.
potere - may; Io posso andare in banca. - I may go to the bank. Posso aiutarla? - May I help you?
potrei - could
potrei - would (conditional); Io potrei leggerlo se… - I would read if…
povero - poor
premere - to press
prendere - to take
prendere parte - to take part
prendersi cura di - to care
preoccuparsi - to worry
preparare - to make
preparare - to prepare
prese - took
preso - taken
presto, subito - soon
pretendere/fingere - to pretend
prezzo - price
primo/prima - first
problema - problem
produrre - to produce
professione - profession
programma- program
programmatore - programmer
pronto - ready
proprio/propria - own
proteggere - to protect
prova, esame - test
provare - to test

pubblico - audience
pulendo - cleaning
pulire - to clean
pulisco - I clean
pulito - cleaned
puzzolente - stinking
papá - dad
papá - dad
quaderni - notebooks
quaderno - notebook
qualche cosa - anything
qualcuno di/qualcuna di - any of
qualcuno(a) - somebody
qualcuno(a), qualche - some
qualcuno(a)/qualche - any;
quale, che - which
quando - when
quarantaquattro - forty four
quarto - forth
quattro - four
quelli - those
quello/quella - that (dem. pr.)
queste cose - this stuff
questi (e) - these; questi libri - these books
questionario - questionnaire
questo libro - this book
questo(a) - this;
qui (un luogo) - here (a place); di qua (un indirizzo) - here (a direction); é quí/é qua - here is
raccomandare, consigliare - to recommend
raccomandato - recommended
raccomandazione, consiglio - recommendation
ragazza - girlfriend
ragazzo - guy, boyfriend
ragione- reason
rapina - robbery
reale - real
realmente - really
registrare pensieri - thought-recording
regola - rule

riabilitare - to rehabilitate
riabilitazione - rehabilitation
ricerca - pursuit
ricordato - remembered
ridere - to laugh
riempire - to fill up
rifiutare - to refuse
rimanere - to remain
rimbalzare - ricochet
ringraziare, gradire - to thank; la
ringrazio/ti ringrazio - thank you
ripieno - stuffed
riscattare - to rescue
rispondere - to answer
rispose - answered
risposta - answer,
rivista - magazine
Roberto - Roberto
roccia/pietra - stone
rosso - red
rubare - to steal
rubato - stolen
rubinetto - tap
rubrica - rubric
ruota - wheel
sabato - Saturday
sabbia - sand
saltare - to jump; salto - jump
salute - health
salvare - to save
saporito- tasty
scale - stairs
scapolo (nubile, celibe) - single
scappó/fuggí - ran away
scaricare - to unload
scatola, custodia, confezione - box
scemo - silly
scendere da - to get off
scimmia - monkey
scosse - shook
scrisse, ha scritto - wrote
scrittore - writer
scrivere - to write
scuola, collegio - school

scuro, oscurità - dark
scusarsi - to excuse; Mi scusi - Excuse me.
se - if
sebbene - although
secchio - pail
secco - dry (adj)
secondo - second
secondo nome - middle name
sedersi - to sit, to sit down
sedersi - to take a seat
sedia - chair
sedia, sedile - seat;
segnalato, indicato - pointed
segretaria- secretary
segreteria telefonica - answering machine
segreto - secret
sei - six
selezionare - chose
seme - seed
semplice - simple
sempre - always
sentimento - feeling
sentire panico - to panic
sentito - heard
senza - without
senza fare rumore - quietly
sera - evening
sergente - sergeant
seriale - serial
seriamente - seriously
serva - servant
servire - to serve
servizio di soccorso - rescue service
sessanta - sixty
sesso - sex
sesto - sixth
sette- seven
settimana - week
settimo/settima - seventh
si - yes
si cerca - wanted
sicuro - safe
sicuro/sicura - sure
significare - to mean

Signora, Sig.ra - madam
signore, Sig. - mister, Mr.
signorina/Sig.na - miss
silenzio, zitto/zitta - silent
silenziosamente - silently
sinceramente - sincerely
sinistra - left
sirena - siren
sito web - Internet site
situazione - situation
Sofia - Sofia
sogna - dream
sognare - to dream
soldi - money
solo/unico - only
sopra - on
sorella - sister
sorprendere - to surprise
sorpresa - surprise
sorpreso - surprised
sorridere - to smile
sorrise - smiled
sorriso - smile
sotto - down
sotto - under
sottolineare - to underline
spaniel - spaniel
sparo - shot
spazio - space
specialmente - especially
spendere - to spend
speranza - hope
sperare - to hope
spiegare - to explain
spingere - to push
sporco/sporca - dirty
sport - sport
squadra - team
stagione - season
stanco - tired
standard - standard
stanza, camera - room; stanze, camere - rooms
stare/essere - to be

Stati Uniti/EE.UU/USA - the US
stato civile - family status
status/posizione - status
stazione - station
stella - star
stimare, valutare - to estimate
storia - story
strada - road
strada, via - street
strade, vie - streets
strano - strange
strofinare - to rub
studente/studentessa (f) - student
studenti/studentesse (f) - students
studiare - to study
succedere - to happen,
successo - happened
suo - his; il suo letto - his bed;
suo - its (for neuter)
suolo - floor
suona, squilla - ring
suonare, squillare - to ring,
suonó, squilló - rang
supermercato - supermarket
sviluppare - to develop
tasca - pocket
tassí - taxi
tassista - taxi driver
tastiera - keyboard
tavoli - tables
tavolo - table
tavolo da bagno - bathroom table
tazza - cup
té - tea
tedesco - German
teiera - kettle
telefonare - to call on the phone; chiamare - call; centro di telefonate - call centre
telefono - telephone; telefonare - to telephone
televisore - TV-set
tema, negozio - matter, business
temerario - afraid

tempo - time; il tempo passa - time goes
terra, la Terra - land, Earth
terzo - third
testa - head
testo - text
tetto - roof
tigre - tiger
tirare - to pull
topo - rat
totale - total
traduttore - translator
tranquillo/tranquilla - quite
trasportare - to transport (v)
trasportare - to carry by transport
trasporto - transport
tre - three
tremare - to shake
treno - train
trenta - thirty
triste - sad
troppo grande - too big
trucco - trick
trucco di salvataggio - life-saving trick
tu/Lei/voi - you
tuo/tuoi - yours
tuoi - your
tutti - everybody
tutti/ogni - every
tutto - everything, all
tutto intorno - all-round
televisione - television
uccello - bird
ufficiale - officer
ufficio - office
ululato, grido - howling
umano - human (adj)
un altro - another, other
un'altra volta - again
una volta - once
undici - eleven
unire - to join
uno - one
uno in piú - one more
uno per uno/una per una - one by one

uomo, maschile - man, male
usare/impiegare/utilizzare - to use
uscí - went away
uscí volando - flew away
uscire/lasciare - to leave
usualmente, normalmente - usually
valorato, stimato - estimated
vecchio - old
vedere - to see
velocitá - speed; conducente temerario - speeder; eccesso di velocitá - speeding
vendere - to sell
vengono, vanno - come, go
venti - twenty
venticinque - twenty-five
vento - wind
ventuno - twenty-one
verde - green
vergognarsi - to be ashamed; lui si vergogna - he is ashamed
versare - to pour
vestirsi alla moda - to catch on

vestirsi/indossare - to put on
vestito - dress
veterinario - vet
viaggiare - to travel
vicino - near
vicino - nearby
vicino - neighbour
vicino a/prossimo - nearby, next
vide - saw
visitante - visitor
visitato - visited
visse - lived
visto che, siccome - since, as
vita - life
vivendo - living
vivere - to live
voce - voice
volare - to fly
vuoto - empty
WC - toilet
zebra - zebra
zoo - zoo

English-Italian dictionary

a lot - molto
about, approximately - circa, su; approssimativamente
accident - incidente
accompanied - accompagnó
accompany (v) - accompagnare
ad, advert - avviso/annuncio
address - indirizzo
adventure - avventura
afraid - temerario
after - dopo
again - un'altra volta
against - contro
age - etá
agency - agenzia
ago - fa; a year ago - un anno fa
agree (v) - essere d'accordo
agreement - contratto
ah.. - ah..
air - aria
airplane - aereo
airshow - esibizione aerea
alarm - allarme
Alice - Alice
alien - extraterrestre
all-round - tutto introno, attorno
along - lungo
aloud - ad alta voce
already - giá
although - sebbene
always - sempre
American - americano
and - e, ed
Angela - Angela
angrily - con rabbia, con ira
angry - arrabbiato
animal - animale
another - un altro(a)
answer - risposta
answer (v) - rispondere
answered - rispose
answering machine - segreteria telefonica

any - qualcun/qualcuno/qualcuna
any of - qualcuno di/qualcuna di
anything - qualcosa, qualche cosa
arms - arm, braccia - braccio
arrived - arrivato
art - arte
artist - artista
as - come
as often as possible - cosí frequente come sia possibile
as well - anche, anche come
ask (v) - chiedere, domandare
asked - chiese, domandó
aspirin - aspirina
asterisk - asterisco
at - in, a
at first - al principio
at last - infine
at least - almeno
attention - attenzione
audience - pubblico
back - dietro
bad - cattivo/cattiva
bag - borsa
bank - banca
barked - abbaió
bath - vasca da bagno
bathroom - bagno,
bathroom table - tavolo da bagno
be (v) - essere/stare
be ashamed (v) - avere vergogna, vergognarsi; he is ashamed - lui si vergogna
be sorry (v) - essere pentito, pentirsi; I am sorry.- Mi dispiace.
beautiful - bello/bella
because - perché
bed - letto
beds - letti
beep - bip
before - prima, prima di, davanti
began - cominció

behind - dietro
believe (v) - credere
best - il migliore
better - meglio di
between - fra
big, great, high - grande
bigger - piú grande
bike - bicicletta
billion - mille milioni
bird - uccello
bite (v) - mordere
black - nero
blank, empty - in bianco, vuoto
blue - azzurro, blu
book - libro
bookcase - librería
bother (v) - dar fastido
box - scatola, custodia, confezione
boy - bambino/ragazzo
boyfriend - ragazzo
brake - freno; brake (v) - frenare
bread - pane
break, pause - ricesso/pausa
breakfast - colazione; have breakfast - fare colazione
bridge - ponte
bring (v) - portare
bringing - portando
brother - fratello
bus - autobus
but - ma
butter - burro
button - bottone
buy (v) - comprare
by the way - a proposito
bye - ciao, addio
cable - cavo
café - caffé
call (v) - chiamare, telefonare
called - chiamato, telefonato
came - venni
can - potere; I can read.- Io posso leggere.
captain - capitano
car - macchina/autovettura

care (v) - prendersi cura di
careful - attento(a)
carefully - con attenzione
Carol - Carol
cash - contanti; cash register - cassa registratrice
cashier, teller - cassiere
cat - gatto
catch (v) - catturare
catch on (v) - vestirsi alla moda
CD - compact disc (CD)
CD player - lettore di CD
central - centrale
centre - centro
ceremony - cerimonia
chair - sedia
chance - opportunitá
change - cambio/resto
change (v) - cambiare
check (v) - controllare
chemical(adj) - chimico
chemicals - prodotti chimici
chemistry - chimica
Chicago - Chicago
child - bambino(a)
children - bambini (e)
choose (v) - scegliere
chose - scelse
city - cittá
city centre - centro della cittá
class - classe
classroom - aula
clean - pulito
clean (v) - pulire
cleaned - pulí
cleaning - pulendo
clever - inteligente
close - chiuso
close (v) - chiudere
closed - chiuse
closer - piú vicino
club - club
coffee - caffé
cold (adj) - freddo (agg)

149

coldness - freddezza
colleague - collega
college - universitá
come, go - venire, andaré
company - compagnia, ditta
competition - gara/concorso
compose (v) - comporre
composition - composizione, tema
computer - pc, computer
confused - confuso
constant - costante
consult (v) - consultare
consultancy - consulenza
consultant - consulente
continue (v) - continuare
continued - continuato
control - controllo
cook - cucinare/ cuoco, cuoca
cooking - cucinando
cool, great - bene!/bravo!
co-ordination - coordinazione
correct - corretto
correct (v) - corregere
correctly - correctamente; incorrectly - incorrettamente
cost (v) - costare
could - potrebbe
country (state) - paese
countryside - campagna
course - corso
creative - creativo(a)
cried - gridó, urló
cries - grida/urla/piange
criminal - penale
criminal (adj) - criminale,
cry (v) - gridare/urlare/piangere
crystal, glass - cristallo, vetro
cup - tazza
current - attuale
customer - cliente
dad - papá
daddy - babbo
daily - giornaliero(a)
damn - maledizione

dance (v) - ballare
danced - ballato
dancing - ballando
Daniel - Daniel
dark - scuro, oscurità
date - data, appuntamento
daughter - figlia
day - giorno
deadly - mortale/fatale (agg)
dear - caro
design - disegno, design, grafica
desk - banco da scuola
destroy (v) - distruggere
develop (v) - sviluppare
did - fece
die - morire
died - morto
different - diferente, diverso
difficult - difficile
dirty - sporco(a)
do (v) - fare
doctor - dottore, medico
dog - cane
doll - bambola, bambolotto
dollar - dollaro
door - porta
dorms - pensioni o camere per studenti
down - sotto
dream - sogno
dream (v) - sognare
dress - vestito; put on (v) - vestirsi/indossare
dressed - essere vestito
drink (v) - bere
drive (v) - guidare
driver - conduttore
driving license - patente
drove - guidó
dry (adj) - secco
dry (v) - seccare, asciugare
during - durante
DVD - DVD
each other - l'uno(a) all'altro(a)
ear - orecchio

earn (v) - guadagnare
eat (v) - mangiare
editor - editore
education - educazione
eight - otto
eighth - ottavo
either - l'uno(a) o l'altro(a)
elder - maggiore
eléctrico/eléctrica - elettrico
eleven - undici
e-mail - email/posta elettronica
employer - datore di lavoro
empty - vuoto
energy - energia
engine - motore
engineer - ingegnere
enjoy - divertirsi, godere
especially - specialmente
estimate (v) - stimare, valutare
estimated - valorizzato
etc.- ecc
evening - sera
every - tutti(e)/ogni
everybody - tutti quanti
everything, all - tutto
example - esempio; for example - per esempio
excuse (v) - scusarsi; Excuse me.- Mi scusi/Scusami
experience - esperienza
explain (v) - spiegare
eye - occhio
eyes - occhi
face - faccia, viso
fall - cade
fall (v) - cadere
falling - cadendo
family - famiglia
far - lontano
farm - fattoria
farmer - contadino
fasten - abbottonarsi
favorite - favorito/a, preferito(a)
feed (v) - alimentare

feeling - sentimento
fell - cadde, caduto
female - femminile
few - pochi/poche
field - campo, campagna
fifteen - quindici
fifth - quinto
fill up (v) - riempire
film - film
finance - finanze
find (v) - incontrare
fine, well - bene
finish - finale
finish (v) - finire
finished - finite
fire - fuoco
fire (v) - licenziare
firm - ditta/azienda
first - primo/prima
five - cinque
flew away - voló
float (v) - galleggiare
floating - galleggiando
floor - per terra/suolo
flow (v) - fluire
flower - fiore
fluently - fluido
fly (v) - volare
food, meal - mangiare, pasto
foot - piede
for - per
for - per/durante (prep)
Ford - Ford
forget (v) - dimenticare
forgot - dimenticó
form - modulo, formulario
forty-four - quarantaquattro
found - incontrato
four - quattro
fourth - quarto
France - Francia
free - libero
freeze (v) - congelare
French - francese

friend - amico
friendly - amichevole
from - da, é di
from the USA - degli Stati Uniti
front - di fronte
full - pieno
fun - divertimento
funny - divertente
furniture - mobile(i)
further - piú in lá
future - futuro
garden - giardino
gas - gas
gave - dette
Genova - Genova
George - Giorgio
German - tedesco
get (something) - ottenere
get (somewhere) - arrivare a
get off (v) - scendere da
get up (v) - alzarse; Get up!- Alzati!
Giacomo - Giacomo
gift - qualitá/abilitá/virtú
girl - bambina/ragazza
girlfriend - ragazza
Giuseppe - Giuseppe
Giuseppe's book - il libro di Giuseppe
give (v) - dare
glad - contento(a)
go (by a transport) (v) - andare (con un mezzo di trasporto)
go (on foot) (v) - andare (a piedi)
go by (v) - andare in/con/col
go by bus - andare in autobus
gone - andato
good - buono(a)
goodbye - ciao, addio
gray-headed - capelli grigi
green - verde
grey - grigio
guest - invitato(a)
gun - arma
guy - ragazzo
had - ho avuto, ebbi

hair - capelli
half - mezzo(a)
hand - mano
handcuffs - manette
happen (v) - succedere
happened - successo
happiness - felicitá
happy - contento(a)/felice
hard - duro
has - ha; He has a book.- Lui ha un libro.
hat - cappello
hate (v) - odiare
have (v) - avere
he - lui
head - testa
head, chief - capo
head, go (v) - dirigersi a
health - salute
heard - sentito, udito
hello, hi - ciao
help - aiuto,
help (v) - aiutare
helper - aiutante
her book - il suo libro
here (a direction) - qua/qui (un indirizzo),
here (a place) - qui/qua (un luogo),
here is - é qui/é qua
hey! - ei!
hid - nascose
hide (v) - nascondere
hide-n-seek - nascondino
him - gli
his - suo
his bed - il suo letto
hit, beat (v) - colpire, picchiare
home, house - casa
homework - compito(i)
hope - speranza
hope (v) - sperare
hotel - hotel, albergo
hotels - alberghi
hour - ora
hourly - l'ora

152

house - casa
how - come
howling - ululato
human - umano, essere umano, persona
human (adj) - umano(agg)
hundred - cento
hungry - fame
I - io
ice-cream - gelato
idea - idea
if - se
immediately - immediatamente
important - importante
in - in
in an hour - in un'ora; at one o'clock - all'una in punto
in front - di fronte
individually - individualmente
information - informazione
informed - informato
inside - dentro
instead - invece
instead of - invece di, al posto di; instead of you - al tuo posto
interesting - interessante
Internet site - sito WEB
into - dentro di
into the street - nella strada
it - lo
Italian - italiano (m) italiana (f) italiani (mp) italiane (fp)
Italy - Italia
its (for neuter) - suo
jacket - giacca
jar - brocca
job agency - agenzia per l'impiego
join (v) - unire
journalist - giornalista
jump - salto
jump (v) - saltare
just - giusto/esatto
kangaroo - canguro
Kasper - Kasper
kettle - teiera

key - chiave
keyboard - tastiera
killed - ucciso
killer - assassino(a)
kilometer - chilometro
kind, type - classe, tipo
kindergarten - asilo
kiss (v) - baciare
kitchen - cucina
kitten - gattino(a)
knew - seppi, conobbi
know (v) - conoscere
lake - lago
land (v) - atterrare
land, earth - terra
language - lingua
laser - laser
last - l'ultimo/il passato
last (v) - durare fino
laugh (v) - ridere
leader - leader
learn (v) - imparare
learned about - imparato su
learning - imparando
leave (v) - uscire
left - sinistra
leg - gamba
less - meno
lesson - lezione
let (v) - permettere
let us - andiamo
letter - lettera
lie (v) - mentire
life - vita
life-saving trick - trucco di salvataggio
lift - ascensore
like, love (v) - piacere, amare
limit - limite
lion - leone
list - lista
listen (v) - ascoltare; I listen to music. - Io ascolto la musica.
little - piccolo
live (v) - vivere

lived - visse
living - vivendo
load (v), carry in hands - caricare, portare in mano; carry by transport - trasportare
loader - caricatore
loading - caricando
long - lungo(a)
look (v) - guardare
looked - guardó, guardato
loose (v) - perdere
love - amore
love (v) - amare
loved - amó, amato
machine - macchina
madam - signora
magazine - rivista
make (v) - preparare, fare; coffee-maker - caffettiera
man, male - uomo, mascolino
man's map - mappa dell'uomo
manage (v) - maneggiare, gestire
manual work - lavoro manuale
map - mappa
Mary - Maria
matter, business - tema, affare
mattress - materasso
may - potere, avere permesso; I may go to the bank.- Io posso andare in banca. May I help you?- Posso aiutarlo(a)?
me - me
me - per me
mean (v) - significare
meanwhile - intanto
medical - medico
member - membro
mental - mentale
mental work - lavoro mentale
mentally - mentalmente
met - conobbe, conosciuto
metal - metallo
meter - metro
method - metodo
microphone - microfono
middle name - secondo nome

Mike - Mike
Mike's - di Mike
mind (v) (be against something) - gli importa (essere contrario a qualcosa)
mine - mio
minute - minuto
miss - signorina/Sig.na
mister, Mr. - signore, Sig.
mobile - mobile
mom, mother - mamma, madre
moment - momento
Monday - lunedí
money - soldi
monkey - scimmia
monotonous - monotono
month - mese
more - piú, di piú
morning - mattina
mosquito - zanzara, moscerino
most - molti(e)
mother - madre
mother's - di mamma
moved - mosso, commosso
much, many - molto, molti
music - musica
must - dovere; I must go. - Io devo andare.
my - mio/miei/mia/mie
mystery - mistero
name - nome; name (v) - nominare
nationality - nazionalitá
native - nativo
nature - natura
near - vicino(a)
nearby - vicino(a)
nearest - il piú vicino
need - avere bisogno
neighbour - vicino (di casa)
never - mai
new - nuovo
newspaper - giornale
next - prossimo(a), vicino(a)
nice - bello/bella
night - notte
nine - nove

ninth - nono
no - no, non
nobody - nessuno
North America and Eurasia - Nord America ed Eurasia
nose - naso
not - non
not any - nessuno
note - nota
notebook - quaderno
notebooks - quaderni
nothing - niente
now - adesso
number - numero
o'clock - in punto; It is two o'clock.- Sono le due in punto.
of course - certo
office - ufficio
officer - ufficiale
often - frequente
Oh! - Oh!
oil - olio
OK, well - va bene
old - vecchio
olympic - olimpico
on - su, sopra
on foot - a piedi
once - una volta
one - uno
one by one - uno per uno/una per una
one more - uno in piú
only - solo/solamente/unicamente
open - aprire
opened - aprí, aperto
or - o, oppure
order (v) - ordinare
other - altro
our - nostro
out of - fuori di
out of order - non funziona
outdoors - all'aria aperta
outside - fuori
over - finito
own - proprio/propria

owner - padrone
paid - pagó, pagato
pail - secchio
pale - pallido/pallida
panic (v) - sentire panico
Paolo - Paolo
paper - carta
parachute - paracadute
parachutist - paracadutista
parent - genitore
park - parco
parks - parchi
part - parte
participant - participante
pass (v) - pasarse, essre promosso
passed - passato
passed exam - é stato promosso
past - passato; at half past eight - alle otto e trenta
patrol - pattuglia
pay (v) - pagare
pen - penna
pens - penne
people - gente
per hour - l'ora
Perez - Pérez
person - persona
personal - personale
personnel department - dipartimento del personale
pet - animale domestico
pharmacy - farmacia
phone handset - cornetta del telefono
photograph (v) - fotografiare
photographer - fotografo
phrase - frase
picture - fotografia
Pierre - Pierre
Pierre's - di Pierre
pill - pillola
pilot - pilota
pitching - lanciamento
place - posto
place (v) - collocare

plan - piano
plan (v) - pianificare
planet - pianeta
plate - piatto
play (v) - giocare
playing - giocando
please - per favore
pocket - tasca
pointed - segnalato
Poland - Polonia
police - polizia
policeman - poliziotto
pollute (v) - inquinare
poor - povero
position - posizione
possibility - possibilitá
possible - possibile
pour (v) - versare
prepare (v) - preparare
press (v) - pressare
pretend (v) - pretendere, fingere
price - prezzo
problem - problema
produce (v) - produrre
profession - professione
program - programma
programmer - programmatore
protect (v) - proteggere
publishing - casa editrice
pull (v) - tirare
puppy - cucciolo
pursuit - ricerca
push (v) - spingere
pussycat - gattino/gattina
put horizontally - mettere in posizione orizzontale
put vertically - mettere in posizione verticale
questionnaire - questionario
queue - coda
quick - rapido, svelto
quickly - rapidamente
quietly - senza fare rumore
quite - tranquillo/tranquilla

radar - radar
radio - radio
railway - ferrovia
rain - pioggia
ran away - scappó/fuggí
rang - suonó, squilló
rat - topo
read (v) - leggere
reading - leggendo
ready - pronto
real - reale
really - realmente
reason - ragione
recommend (v) - raccomandare, consigliare
recommendation - raccomandazione, consiglio
recommended - raccomandato
record (v) - incidere, registrare
red - rosso
refuse (v) - rifiutare
rehabilitate (v) - riabilitare
rehabilitation - riabilitazione
remain (v) - rimanere
remembered - ricordato
report, inform (v) - informare
reporter - giornalista
rescue (v) - riscattare
rescue service - servizio di soccorso
ricochet - rimbalzare
ride (v) - andare in bicicletta/ a cavallo
right - destro(a)
ring (v) - suonare, squillare; ring - suona, squilla
road - strada
robber - ladro
robbery - rapina
Roberto - Roberto
roof - tetto
room - stanza, camera
rooms - stanze, camere
round, around - attorno, intorno
rub (v) - strofinare
rubber - gomma

rubric - rubrica
rule - regola
run (v) - correre
running - correndo
rushed - corse
sad - triste
safe - sicuro
said - detto
sand - sabbia
sandwich - panino
Saturday - sabato
save (v) - salvare
saw - vide
say (v) - dire
school - scuola
sea - mare
season - stagione
seat - sedile, sedia; take a seat (v) - sedersi
seat belts - cintura di sicurezza
second - secondo
secret - segreto
secretary - segretaria
secretly - in segreto
see (v) - vedere
seed - seme
seldom - raramente
sell (v) - vendere
sent - inviato
sergeant - sergente
serial - seriale
seriously - seriamente
servant - serva
serve (v) - servire
set free (v) - liberare
seven - sette
seventeen (hour) - diciassette (ore)
seventh - settimo/settima
sex - sesso
shake (v) - tremare
she - lei
sheet (of paper) - foglio
ship - barca, nave
shook - scosse

shop - negozio
shop assistant - commesso, commessa, dipendente
shopping center - centro commerciale
shops - negozi
shore - costa
short - corto/corta
shot - sparo
show (v) - mostrare
showed - dimostró
silent - silenzioso(a)
silently - silenziosamente
silly - scemo
simple - semplice
since (time point) - da quando
since, as - come
sincerely - sinceramente
sing - cantare
singer - cantante
single - nubile(m), celibe(f)
siren - sirena
sister - sorella
sit (v) - sedersi
sit down (v) - sedersi
situation - situazione
six - sei
sixth - sesto
sixty - sessanta
skill - abilitá
sleep (v) - dormire
sleeping - dormendo
slightly - leggermente
slim - magro
slowly - lentamente
sly - astuto
slyly - astutamente, con astuzia
small - piccolo(a)
smart - furbo, intelligente
smile - sorriso
smile (v) - sorridere
smiled - sorrise
snack - merenda, spuntino, snack
Sofia - Sofia
some - qualcosa

some - qualcuno(a)
somebody - qualcuno(a)
something - qualcosa
sometimes - alcune volte, qualche volta
son - figlio
soon - presto
space - spazio
spaceship - nave spaziale
Spain - Spagna
spaniel - spaniel
speak (v) - parlare
speech - discorso
speed - velocitá
speeder - conducente temerario
speeding - eccesso di velocitá
spend (v) - spendere
sport - sport;
sport bike - negozio di articoli da ciclismo
sport shop - negozio di articoli sportivi,
spread (v) - diffondere, spalmare
square - piazza
stairs - scale
stand (v) - stare in piedi
standard - standard
star - stella
started (the engine) - accese
started (to drive) - accelleró
station - stazione
status - posizione; family status - stato civile
steal (v) - rubare
steer (v) - guidare, girare il volante
step - passo
step (v) - dare passi
stepped - dette un passo
stepping - dando passi
still - ancora
stinking - puzzolente
stolen - rubato
stone - roccia/pietra
stop (v) - detenere, fermare
stopped - fermó
story - storia
strange - strano

street - strada
streets - strade
strength - forza
strong - forte
strongly - fortemente
student - studente
students - studenti
study (v) - studiare
stuffed - ripieno
stuffed parachutist - bambolotto del paracadutista
suddenly - improvviso
suitable - adeguato
Sunday - domenica; Sunday breakfast - colazione della domenica
supermarket - supermercato
sure - sicuro(a)
surprise - sorpresa
surprise (v) - sorprendere
surprised - sorpresa
swallow (v) - ingoiare
swim (v) - nuotare
switched on - accendere
table - tavolo
tables - tavoli
tail - coda
take (v) - prendere
take part (v) - prendere parte
taken - preso
talk (v) - conversare
tanker - cisterna
tap - rubinetto
task - compito/missione
tasty - saporito
taxi - tassí
taxi driver - tassista
tea - té
teach (v) - insegnare
teacher - maestro(a)
team - squadra
telephone - telefono
telephone (v) - telefonare
television - televisione
tell, say (v) - raccontare, dire

ten - dieci
tenth - decimo
test - esame
test - prova, esame
test (v) - provare
text - testo
textbook - libro di testo
than - che, di; George is older than Fabia.- Giorgio é piú vecchio di Fabia.
thank (v) - gradire, ringraziare
thank you - le sono grato/lo ringrazio
thanks - grazie
that - che; I know that this book is interesting. - Io so che questo libro é interessante.
that (dem. pr.) - quello/quella
that is why - quello é il motivo per cui
the same - lo stesso; at the same time - allo stesso tempo, contemporaneamente
their - loro
them - di loro
then - allora, dopo; after that - dopo questo
there (direction) - verso di lá/lí (indirizzo)
there (place) - lá /lí (luogo)
these - questi
they - loro, essi
thief - ladro
thieves - ladri
thing - cosa
think (v) - pensare
thinking - pensando
third - terzo
thirty - trenta
this - questo(a)
this book - questo libro
this stuff - queste cose
those - quelli
thought-recording - conservare i pensieri
thousand - mila
three - tre
through, across - attraverso
ticket - biglietto

tiger - tigre
time - tempo
time goes - il tempo passa
tired - stanco(a)
to apply (v) - applicare
to arm (v) - braccio di ferro, armare
to arrive (v) - arrivare
to be continued - continuerá
to begin, to start (v) - cominciare
to call on the phone - chiamare al teléfono/telefonare; call - chiamare; call centre - centro di telefonate
today - oggi
together - insieme
toilet - sanitario, WC
tomorrow - domani
too big - troppo grande
too, also - anche, pure
took - prese
total - totale
town - paese
toy - giocattolo
train - treno
train (v) - allenare
trained - allenato
translator - traduttore/traduttrice
transport - trasporto; transport (v) - trasportare
travel (v) - viaggiare
trick - trucco
tried - cercó, provó
trousers - pantaloni
truck - camion
try (v) - cercare, provare
turn (v) - girare
turn off - chiudere/spegnere
turn on - accendere
turned - mosse
turning - che gira
TV-set - televisore
twelve - dodici
twenty - venti
twenty-five - venticinque
twenty-one - ventuno

twice - due volte
two - due
unconscious - inconscente
under - sotto
underline (v) - sottolineare
understand (v) - capire/comprendere
understood - capí
unfair - ingiusto
United States/USA - Stati Uniti/EE.UU/USA
unload (v) - scaricare
until - fino
us - noi
use (v) - usare/impiegare/utilizzare
usual - solito
usually - usualmente, solitamente
very - molto
vet - veterinario
videocassette - videocassetta
video-shop - negozio di video
village - paese, paesino, frazione
visited - visitato
visitor - visitante
voice - voce
wait (v) - aspettare
waited - aspettó
walk (v) - camminare
walking - camminando
want (v) - volere/desiderare
wanted - ricercato, voluto
war - guerra
warm - tiepido/caldo;
warm up (v) - riscaldare
was - fu/é stato
wash (v) - lavare
washer - lavandino
washing - lavando
watch - orologio
water - acqua
wave - onda
way - cammino
we - noi
weather - tempo, clima
week - settimana

went away - uscí
were - erano /stavano
wet - bagnato(a)
whale - balena; killer whale - orca
what - che; What is this?- Cos'é questo?
What table?- Quale tavolo?
wheel - ruota
when - quando
where - dove
which - che, quale
while - intanto
white - bianco(a)
who - chi
whose - il cui
why - perché
wide - largo/ampio
widely - ampiamente
wind - vento
window - finestra
windows - finestre
with - con
without - senza
woman - donna
woman's - della donna
wonder - domandarsi; I wonder whether... - Mi domando se...
wonderful - meraviglioso(a)
word - parola
words - parole
work - lavoro, impiego
work (v) - lavorare
worked - lavoró
worker - lavoratore, impiegato
working - lavorando
world - mondo
worry (v) - preocupparsi
would (conditional) - potrebbe
write (v) - scrivere
writer - scrittore
wrote - scrisse
yard - giardino
year - anno
yellow - giallo
yes - si

yesterday - ieri
you - tu/voi
young - giovane
your - tuoi/tue

yours - tuo/tuoi, tue
zebra - zebra
zoo - zoo

www.ingramcontent.com/pod-product-compliance
Lightning Source LLC
Chambersburg PA
CBHW080341170426
43194CB00014B/2645